渋沢栄一「生き方」を磨く

The Great Book of
EIICHI SHIBUSAWA' s Wisdom
The Philosophy of wealthy right living

東大名誉教授
竹内 均 編・解説

三笠書房

目次

第一章

《心の持ち方》
今日この一日、どう生きるかで、人生はいくらでも変わる

第二章
《論語と算盤の両立》
信念こそ最強の〝資本〟である

第三章
《成長》自分の品格・器量を育てる

第四章 《人間関係》人生を大きくしてくれる友をもて

第五章

《鋼の意志》

他者に勝つより己れに勝て!
百戦百勝の肚《はら》をつくる

第六章

《逆境》私はこうして試練・限界を突破してきた

第七章

《強みを生かす》
天才や超一流の人が大切にする仕事の基本と気くばり

第八章

《習慣》夢と成功を実現する最高の方法

本文DTP／株式会社Sun Fuerza

第一章

《心の持ち方》

今日この一日、どう生きるかで、人生はいくらでも変わる

1 「生き方」を磨く——「志」のもち方一つですべてが変わる

自分のための人生、どう生きるか？

自分の一生涯に歩むべき道——その大方針を決定するのが、いわゆる立志である。自分はこの世の中に立ってどのような方面に向かえばよいか、どのような仕事に従事すべきか、いかにして一生涯を有意義に送るべきかを決定するのであるから、軽々しく考えることはできない。回想すれば、私はこの点について痛恨の歴史をもつ一人である。

私は十七歳のとき、武士になりたいと志を立てた。というのも、その頃の実業家は百姓町人と見下されて、世の中からはほとんど人間以下の取り扱いで、いわゆる歯牙にもかけられないというありさまであった。そうして家柄がむやみに重んじられ、武門に生まれさえすれば知能のない人間でも、社会の上位を占めて威張ることができたのであるが、私はこれがはなはだ癪《しゃく》にさわり、同じ人間と生まれたからには、何がなんでも武士にならなくては駄目だと考えた。

その頃私は少し漢学を修めていたが、頼山陽《らいさんよう》の『日本外史』などを読んで、政権が朝廷から武門に移った経緯を見てからは、慷慨《こうがい》の気が生じて、百姓町人として一生を終わるのがいかにも情けなく感じられ、武士になろうという気持ちをいっそう強めた。

そうしてその目的も、ただ武士になってみたいという単純なものではなかった。武士となると同時に、当時の政治をどうにか動かすことはできないものであろうか、今日の言葉で言えば、政治家として国政に参加してみたいという大望を抱いたのであったが、これが郷里を離れて放浪するというような間違いをしでかした原因であった。こうして後年大蔵省に就職するまでの十数年間というものは、ほとんど無意味に過ごしたようなものであったから、今このことを回想するのさえ痛恨に堪えない。

私のしくじり、こうなるな！　自分の本領を生かす「真の立志」を

白状すれば、私の志は青年期にしばしば動揺した。最後に実業界で身を立てようと志し

たのがようやく明治四、五年頃のことで、今から思えば、このときが私にとって真の立志であったと思う。自分の性質才能から考えてみると、政界に身を投じるのは、むしろ不得意の世界に向かって突進するようなものだと、このときやっと気がついたのだが、それと同時に感じたことは、欧米諸国が当時のような隆昌《りゅうしょう》を誇っていたのは、すべて商工業が発達していたからだということである。

日本も現状維持だけでは、いつになったら欧米と肩を並べることができよう、国家のために商工業の発達を図りたい、という考えが起こって、ここではじめて実業界入りしようと決心がついたのであった。そうしてこのときの立志が後の四十余年を一貫して変わらずに来たのであるから、私にとっての真の立志はこのときであったのだ。

それ以前の立志は自分の才能に不相応な、身のほどを知らない立志であったから、しばしば変動を余儀なくされたに違いない。しかし、もし自分に自分を知る確かな眼があって、十五、六歳の頃から本当の志が立ち、はじめから商工業に向かっていたならば、後年実業界に踏み込んだ三十歳頃までには、十四、五年の長い歳月があったのであるから、商工業に関する素養も十分積むことができたに違いない。青年時代の客気《かっき》にはやり、肝心な修養時期をまったく方角違いの仕事に無駄づかいしてしまった。

志を立てようとする青年は、この過ちを戒めとすればよろしいと思う。

それゆえ慎重に考えなさい

生まれながらの聖人は別として、われわれ凡人は志を立てるときには迷いやすいのが常である。あるいは眼の前の社会の風潮に動かされて、自分の本領でもない方面へ軽々と乗り出す者が多いようだが、これでは真に志を立てたとは言えない。ことに今日のように世の中が秩序立ってきては、一度立てた志を中途から方向転換しては非常に不利益を伴うから、立志に当たって最も慎重に考えることが大事である。

人生にしっかり根を張る「志」の立て方、枝葉の茂らせ方

志を立てる工夫としては、まず自分の頭脳を冷静にし、自分の長所と短所とを精細に比較考察し、その最も優れたところに向かって志を定めるがよい。それと同時に、自分の境遇がその志を遂げることを許すかどうかを深く考慮することも必要で、たとえば身体も強壮、頭脳も明晰であるから、学問一つで一生を送りたいと志を立てても、これに多少の資力が伴わなければ、思うようにやり遂げることは困難であるというようなこともある。

一生を貫いてやり通すことができるという確かな見込みの立ったところで、はじめてそ

の方針を確定するとよい。熟慮考察せずに世間の景気に乗って、うかつに志を立てて駆け出すような者がよくいるけれども、これではとうてい目的は遂げられるものではない。

すでに根幹となるべき志が立ったならば、今度はその枝葉となる小さな立志について日々工夫することが必要である。誰でもその時々事物に触れて起こる希望があるが、どうにかしてその希望を遂げたいと決意するのも一種の立志で、私が言う「小さな立志」がそれである。たとえば、ある人がある行ないによって世間から尊敬されるようになったが、自分もそうしたいと考えるのもまた一つの小立志である。

この小立志がどうあるべきかと言うと、まず一生を通じての大きな立志の邪魔にならぬ範囲において工夫することが肝要である。また、小さな立志はその性質上常に変動するものであるから、この変動によって大きな立志を動かすようなことのないようにするだけの用意が必要である。つまり大きな立志と、小さな立志と矛盾するようなことがあってはならない。この両者は常に調和し、一致することが必要である。

『論語』の孔子はどう「志」を立てたか

古人はどのように志を立てたか、参考として孔子の立志について研究してみよう。

自分がふだん処世上の規矩《きく》（ものさし）としている『論語』を通じて孔子の立志を調べると、「十有五にして学に志し、三十にして立ち、四十にして惑《まど》わず、五十にして天命を知る……」（為政）とあるところから推測すれば、孔子は十五歳のとき、すでに志を立てていたものと思われる。しかし、その「学に志す」と言ったのは、学問で一生を過ごすつもりであるというほど志を固く定めたものであるかどうか、これはやや疑問で、これから大いに学問をしなければならないというくらいに考えたものではなかろうか。

さらに進んで「三十にして立つ」と言ったのは、このとき、すでに世に立っていけるだけの人物となり、修身斉家治国平天下《しゅうしんせいかちこくへいてんか》の技量ありと自信のもてる境地に達したのであろう。なお「四十にして惑わず」とあることから想像すれば、一度立てた志をもって世を渡るに当たり、外界の刺激ぐらいでは決してその志は動かされないという境地に入って、どこまでも自信ある行動がとれるようになったというのであろうから、ここに至って立志がようやく実を結び、かつ固まったと言うことができるだろう。

してみれば、孔子の立志は十五歳から三十歳の間にあったように思われる。学に志すと言われた頃は、まだいくぶん志が動揺していたらしいが、三十歳に至って決心のほどが見え、四十歳に及んではじめて立志が完成したようである。

要するに、立志は人生という建築の骨組みで、小立志はその修飾であるから、最初にしかとそれらの組み合わせを考えてかからなければ、後になってせっかくの建築が中途で壊れるようなことにならないとも限らない。このように立志は人生にとって大切な出発点であるから、何人も軽々しく考えてはならないのである。

立志の要はよく自分を知り、身のほどを考え、それに応じて適合する方針を決定するという以外にないから、そのほどを計って進むように心がけるならば、人生の行路において間違いの起こるはずはまったくない。

2 「生涯目標」をどこに据えるか

「自分は、どちらの人生を生きるのか」を常に問え

およそ人として生命をこの世に享《う》けた以上、必ずなんらかの目的がなくてはならないと思う。そうしてその目的のいかんによっては人生観も変わってくるに違いない。そのいくつかの人生観も、これを側面から観察すれば、結局二つに大別される。すなわち自分の存在を客観的に見るのと、主観的に見るのとがそれである。

客観的というのは、自分の存在は第二として、まず社会のあることを思い、社会のためには自分を犠牲にしてもよいというまでに、自我を殺してしまうものである。また主観的というのは、何事も自己本位にし、自分をまず第一に考え、それから次に社会を認めるという考え方である。

しかし人生観に対する主観と言い、客観と言うのも、今自分が説明上の都合から間に合わせにこしらえた言葉であるから、これが学術上はたして適切な言葉であるかどうか、それはわからない。

それでは、「人として生きていくうえでの目的」とは、はたして何であるか、いかにして成し遂げるべきか。これは人それぞれ顔が違うように、各自意見が違うだろうが、おそらくは次のように考える人もあるだろう。それは自分の得意とする手腕にせよ、技量にせよ、それを十分に発揮して力の限りを尽くし、家族を守り、あるいは社会に貢献しようと心がける。しかし、それも漠然と心で思うだけではなんにもならない。やはりなんらかの形に表わさなければならないので、自分の修得した技能に頼って、尽くすようにする。

たとえば学者ならば学者としての本分を尽くし、宗教家ならば宗教家としての職責を全うし、政治家もその責任を明らかにするというように、それぞれがありったけの能力を傾けてこれに心を入れる。このような場合のその人々の心情を察すると、むしろ自分のためというよりは家族のため、社会のためという観念のほうが勝っている。つまり家族や社会を主とし、自分のことを従と心得ているので、私はこれを客観的人生観と名づけるのである。

一方、まったく反対に、ただ自分一人のことを第一に考え、社会のことや他人のことは二の次にする者もあろう。しかし、この人の考え方にも理屈がないでもない。すなわち自分は自分のために生まれたものである。他人のためや社会のために自分を犠牲にすることは許されないことではないか。自分のために生まれた自分なら、どこまでも自分のために計るがよいという主張から、社会に起こる諸問題に対し、できるかぎり自分の利益になるようにしていく。

たとえば借金は自分のために自分がしたのだから、これは当然払うべき義務があるから払う。税金も自分が生存している国家の費用だから当然納める。町内会費もまた同様であるが、このうえ他人を救うために、あるいは公共事業のために寄付するというような責任は負わない。それは他人のため、社会のためになるであろうが、自分のためにならないからだと言い、なんでも自分のために社会を運営させようとする。すなわち自己を主として他人や社会を従と心得、自分の本能を満足させ、自我を主張してそれで十分だと満足する。私はこのような考え方を名づけて主観的人生観と言うのである。

それぞれの生き方の終着点、そして孔子の立場は？

私は今、これら二つの考え方のうち、現実の活動においてどうかと考えると、もし主観派のような主義で押し通すときは、国家社会は自然と粗野になり、下品となり、ついには救いがないほど衰退してしまうのではないか。

それに反し客観派のような主義を拡げていけば、国家社会は必ず理想的なものとなっていくに違いない。だから私は客観派に賛成して主観派を排斥するのである。

孔子の教えに、「仁者は己《おの》れ立たんと欲してまず人を立て、己れ達せんと欲してまず人を達す」というものがあるが（『論語』雍也《ようや》）、社会のこと人生のことはすべてこうでなくてはならないと思う。この言葉は、いかにも交換的な言葉のように聞こえて、自分の欲望を満たすために、まず自分が我慢して人に譲るのだというような意味にも取れるが、孔子の真意は決してそんな卑近なものでなかったに違いない。人を立てその望みを達成させて、それから自分が望みを達しようとするその働きを示したもので、君子のような人の振る舞いの順序はこのようであるべきものだと教えたのである。換言すればそれが孔子の処世上の覚悟であるが、私もまた人生の意義はこのようにあるべきだと思う。

孔子はまた「克己《こっき》復礼《ふくれい》」ということを説いた（同・顔淵《がんえん》）。自分のわがままな心に打ち勝って、礼に従っていきさえすれば、世の中は間違わないわけで、この考えも私が言うところの客観に当たるのである。

ここでちょっと一言しておかねばならないことは、「復礼」の「礼」は今日言ういわゆる礼儀作法というような狭い意味の言葉ではないということである。孔子時代の「礼」にはもっと広い意味が含まれていたので、精神的なこと以外はすべてこの文字中に含まれたものなのだ。

たとえば刑法とか裁判とかいうことから、一身上の制裁に関する事柄までがみなそれで、彼の『礼記』という書物を見ればいかに礼の意味が広かったかがわかる。

孔子は、自分の存在は社会のためにあるものだという客観論者で、「己れに克《か》ちて礼に復《かえ》れば天下仁に帰す」とまで言っている。また門人の曽子《そうし》は、孔子の道を解釈して、「夫子の道は忠恕《ちゆうじよ》のみ」と言った（同・里仁《りじん》）。言うまでもなく「忠」とは君に対し、あるいは他人に対して忠実であるということで、「恕」とは思いやり厚く、人のため社会のために何ができるかと考えていることである。曽子のこの「忠恕」もまた私が説くところの客観と合致するわけで、自己を犠牲にしてまでも他人のためを計ることになるのである。

人生の目的は社会のため、他人のために考えることだと、明確に『論語』に書いてあるわけではないけれども、「仁」と「不仁」を論じる言葉から察すると、一般を目的として多くの人に利益があるようにと説いている。ようするにこれは自分のためばかり考える者が仁者であるはずがなく、客観的に人生を見るというほうが道理が正しいということだと思う。孔子もまたこのような客観論者であったのだ。

大富豪・カーネギーを精神的にも大人物たらしめた人生観

人は国家のため、国民のためにその力を尽くすために生まれたものであるが、余裕があるならば、家庭のため、友人知人のために尽くす、つまり客観的見地に立って人生を過ごすことが人間としての本分であることは、今まで説いたとおりである。

私はアメリカの大富豪・カーネギーの著書を読んで、このような思想は東洋人であるわれわれの間にだけ存在するのでなく、欧米人の主義もやはりこれに近いものがあることを知った。

その著書の大意は、「人の幸福は、自分一人だけでかなえられると思うのは大きな誤解である。社会の力の恩恵によるもので、自分一人だけの知恵によるものではない。だから人は社会の恩恵を忘れてはならないのである。いかに自分一人で蓄積した資産だとはいえ、これをその血統の者にばかり譲り渡すのははなはだ不当で、社会の恩恵を思えばこれを一般社会にも分けるのが当然である。この意味からすれば、相続税は取れるだけ高く徴収するがよい。そしてその資産を一人に私有させることなく、広く社会にも分配するようにしなくてはならない」という意見である。これは相続税に関した論文の一節であるが、私の人生観と一致するものだ。

もし人の心から自我を取り去り、自己を客観的に見ることができれば、国家社会は必ずかの名君堯《ぎょう》・舜《しゅん》の治めた幸せな太平の世となり得るであろう。身近な例をとれば、労働者が働くのは自分の本分で、必ずしも自分の利益だけを得ようとするのではない。

つまり家族のため、親のために働くのだと考えて働くならば、自分の不平不満がたまることなく、ひいては経営者に満足と安心とを与え、広く考えれば、国家のために利益することになっていく。一労働者でさえこのような状況で、さらに彼らより重要な地位を占めている者が、皆このような気持ちで人生を送れば、天下は平静で隆昌に向かうだろう。

もしこれとは反対に、労働者をはじめ皆が主観的に考えて、自分一人の利益ばかりを考えていたらどのようにして社会の秩序を保ち、一国の統治を行なうことができよう。それこそ『孟子』に言ういわゆる「奪わずんば饜《あ》かず」（梁恵王《りょうけいおう》・上）の極地に至るに違いない。国民に忠恕の念が盛んな国は文明国で、これと反対の国が野蛮であることは、私がことさらに述べるまでもなく、世界各国を見渡せば直ちに理解できるところである。

保身のみに走る人の人間の限界、人生の限界

私が経験した養育院の浮浪少年に関する話をしてみよう。

養育院の世話にならなければならない少年は不幸者ばかりで、彼らがこのような不幸に陥った原因はいろいろ変わったものがある。女に溺れ、賭博のために身を崩し、あるいは酒によって家の財産を食い潰したというような、とにかく感心のできない者のほうが多い。しかし彼らを統計的に調べてみると、彼らには必ず一貫した共通件がある。それは何であるか。数々ある悪癖の中で最もはなはだしいのは、自分さえよければ他人はどうでもかまわないという考え方である。

つまり自分の都合だけを主として考えている。そしてまた不思議と彼らが必ずもっている共通性である。もし彼らの主張どおり自分だけの都合ばかりを考えているなら、必ず彼

らはたいへんいい身分になっていてよさそうなのに、実際はかえって理想と反し、結局、養育院のお世話にならねばならない始末である。この例はいわゆる主観的人生観をもつ人の極端な結果を具体的に示したものだが、主観的人生観がいかに人生の真の意義と矛盾するかは、この例からも理解できるであろう。そして浮浪少年が自身のことばかりを考えていることが、かえって自分のためにならず、不幸に陥る原因となるとすれば、それと反対に客観的にわが身を考える人は、他人のためを思うことがかえって、いかにわが身のためとなるか、容易に推測できるであろう。

要するに仁義道徳の念のない者は、人生において最後には敗者とならねばならない。孔子の言う「忠恕」が人生においていかに必要なものであるか。二千五百年以前の人情も今日の人情も人情において変わりはない。だから誰でも人生観をもつに当たっては、孔子の心を自分の心とすれば誤りはないのである。

私は青年時代から儒教をよりどころとし、『論語』は私にとっての聖典である。そしてその信奉するところは仁義道徳で、この世に存在する意義は、自分のためではなく、社会のため、他人のためにあるという強い観念はいつとはなしに私の頭の中に養成された。だから私は五十年来この心を自分の心とし、人生を観る眼はあまり変わらずに来たつもりである。

3 社会に出てから、絶対に後悔しない「生き方」

自分を高める欲、心を貧しくする欲

私は、実業家の中に名をつらねながら、大金持ちになることは悪いと考えている。これは一見矛盾するようだが、平素「淡白」を主義として生きていきたいと考えているので、財産を築くことについてもやはり淡白を旨としているのである。しかし一般社会の人情としては、誰でも少額よりは多額を望み、他人よりも多く蓄積したい、大富豪になりたいと苦心するのがふつうであるが、よく考えてみると、この多いということには際限がない。どこまで行ったら頂点であろうか。仮に無一物の者は十万円を貯蓄したいと望み、十万円ある者は百万円を欲し、百万長者は千万、一億と行けども行けども無限大でいつまでかかっても果てしない。これを極端に考えて、もし一国の財産をことごとく一人の所有物としたら、どういう結果をきたすであろう。これこそ国家の最大不祥事ではあるまいか。

このように際限のない欲望に向かって、虎狼《ころう》の欲をたくましくする者が続出するよりも、むしろ知識ある、よく働く人を多く出して国家の利益を計るほうが国家万全の策であると思う。だから私は実業家でありながら大金持ちとなることを好まない。したがって世の大富豪が、その国の財産を一手に占有しようとすることを嫌うのである。嫌うからこそ自分も大富豪になりたいと努力しようとも思わなければ、また大富豪になりなさいと人に勧めもしないのである。富に対して私は昔からこのような淡白な考えをもっている。

人生がはるかに有意義になる「気持ちよく働く」秘訣

三菱、三井などは日本の大富豪であるが、これを米国のカーネギーやロックフェラーなどに比較すれば足元にも及ばない。ただ日本の貧乏人に比べてみれば富豪であるというだけだ。このようにいくら金をためて富豪になったからと言って、世界の財産を自分で独り占めするわけにもいくまい。また一人が巨額の財産を築いてもそれが社会万人の利益となるわけでもないし、要するに無意義なものになってしまう。このような無意義なことに貴重な人間の一生を捧げるというのは馬鹿馬鹿しい限りで、人間と生まれた以上はもう少し有意義に人生を過ごすべきであろう。

それならば有意義な仕事とは何であろうか。

私はこの問題に対して次のように考えている。財産を築くというような限界がないこと、しかも割合に無価値なことに向かって一生を葬ってしまうより実業家として立とうとするならば、自分の学術知識を活用し、主義に忠実に働いて一生を過ごせば、そのほうがはるかに価値のある生涯である。要するに私は金はたくさんもつな、仕事は楽しくやれという主義だ。私は従来この主義を軸として生きてきた。それゆえ事業に対しても独りよがりの利殖の経営を避け、多くの人の合資協力になる株式会社、合資会社などを興して、利益は独り占めせず、皆でその恩恵を分かち合うようにしてきたのである。これが私の言う自分の知恵を応用して、淡白に活動するという流儀である。

私は大資産は不要だと決めている。もっとも社会には大資産がなければできない仕事が多いけれども、それは必ずしも一個人に大資産がなければならないということではない。自分には大資産がなくても、相応な知恵と充実した働きをなし得るだけの資産があれば、それを武器として他人の財産を運用し、これによって国家社会に役立つ仕事をしていくことがいくらでもできる。

私の事業に対する観念は、自分の利殖を二の次にして、まず国家社会の利益を考えてやることであった。そのため金はたまらなかったが、ふつうの実業家と名乗る人々よりは、少しは国家社会のためになった点が多いと自認している。この点から言えば私の主義は、利己主義でなく公益主義と言うことができよう。こう言えば、いかにも自慢するようであるけれども、心底そう信じているところを遠慮なく告白するだけである。

要するに蓄財するについても、世に立ち人と交わるうえにおいても、また家族の計画を立てる場合にも、すべて道理の命じるところに従い気持ちよく働くということが一貫した私の主義である。

手段、方針、経路の「善悪」は識別してかかれ

世間では「成功」という言葉が大いにもてはやされ、金持ちになるのが人生の最大目的であるように説く人もいる。手段方法は何でもよい、金をためて成功しなくてはならない、とにかく何がなんでもやっつけなければ、男としてこの世に生きる甲斐がないといったような傾向が見える。確かに成功はよいことに違いないが、こんな調子で進めば、うっかりすると世の中の人を惑わし、方針を誤らせる恐れがありはしないだろうか。

今、社会から解釈されている成功の意味は、ただ自分の資産を増やすというだけのことで、その手段が合理的であったか、その経路が正当であったか、そんなことなどには一切おかまいなしというふうである。したがって正直に懸命に商売をして一千万円儲けた人も成功者であるし、賭博をやって一千万円儲けた者も、同じ成功者であるとして両者を同じようにもてはやすが、私は成功の解釈をこんなふうにするのには反対である。

真の成功とはそんなことではあるまい。道理に合っていて国家社会に利益ある仕事をして一千万円の利益を得たというのなら、誰にも恥じない立派な行為で、私はこのようなものを真の成功と呼ぶのである。

尊氏が嫌われるワケ

一例をあげれば、南朝の忠臣楠木正成と、逆賊と言われた足利尊氏とでは、そのいずれが成功者で、いずれが失敗者であろうか。成功の意義が前述のように「物質上の欲望を満足に成し遂げる」というところにあるとすれば、尊氏は成功者で、正成は失敗者である。けれども世の人々が失敗者である正成を褒め称え、成功者の尊氏を蛇蝎《だかつ》のごとく排斥するのを見れば、成功にも卑しむべきものがあり、失敗にも尊ぶべきものがあることは明らかである。これはつまり尊氏の成功の目的が不正であるのに反し、正成の失敗の経路が正常であったことによる。それなのに今日の人は単に尊氏を成功者となし、正成を指して失敗者とする論ばかり立てている。誤りもはなはだしい。世の人は成功を心がける前に、まずその手段、方針、経路等について仔細に考え、その善悪正邪の識別をしてそれから着手するのがよい。

「淡白」は私の処世上唯一の主義である。淡白を主義とし道理を踏んで、失敗したとしても後悔するところはない。不条理なことをして成功しても、それが真の成功でないことを思えば、そんな形ばかりの成功に対しては、良心が満足していられない。正義、人道を踏んで失敗したならば、私はむしろ失敗を喜ぶつもりである。

成功、不成功は必ずしも人間行為の基準ではなく、人間として一時も忘れてはならないものは行為の善悪である。だから人道を踏み外して成功の地位に達しても、それは価値のないもので、人間の仲間に加えることすら恥とするくらいのものであろうと思う。こうした理由で、私は自分の成功、不成功ということよりも、その行為と経路の一切を道理に外れないものにするべく努力してきた。孔子の道を私が行為の基準として、事業をなすうえにおいても、また私生活においても、一歩もその外に踏み出すまいと心してきたのである。

4 地にどっしり足をつけて生きる人の迫力をまとう

忙しいからこそ心身ともに健康でいられる

およそ多忙という点については、私はたいていの人に劣らないであろう。ふつう朝は六時に起き、夜は十二時頃に寝ることにしているけれども、仕事の都合で十二時過ぎになることも珍しくない。起床後は必ずすぐに湯に入るが、入浴すれば精神爽快で元気が急に湧いてくる思いがする。次に庭園を散歩すれば、澄んだ空気を呼吸し、心身を養うことができて非常によいのであるが、ほとんどそれができないのは残念である。

新聞もひと通り読まねばならない。朝飯も食わねばならない。ことに毎朝くる手紙は、どんなに少ない日でも必ず三、四通はあるので、それにもいちいち返書を書かねばならないから、庭園の散歩などはしたくてもほとんどその暇がない。そのうちに二、三の来客がある。来れば必ず会って話す。私の主義として時間の許す限り客を断わったことがない。病中とか精神不快の場合、人に会うのが辛いと感じるときはしかたないが、病中でもなお客と語ることを楽しみとしている。しかし、借金の依頼などは際限もないことであるし、また揮毫《きごう》の催促などは私が面会しなくても用が足りるが、その他の人は貴賤貧富を問わず、必ず面会して、相手の意見なり希望なりを聞き、応じ得ることなら相談にもあずかり微力を尽くすようにしている。

毎日の用事の予定は黒板に書いてあるから、約束の時間が来れば外出する。ふつう十一時頃には兜町《かぶとちょう》の事務所へ出る。事務所にもすでに客が待っている。また引き続いて来る者もあるというふうで、一人座ってゆっくりと書物を読むようなことは、月に一回あるかないかである。このように少し客が絶えたときは、日々手にする幾十通の手紙に返事を書くが、手紙の返事は多く自分で書いて、代筆させることは少ない。というのは、一言一句、不穏当の言葉があったら先方の誤解を起こすもとになるから、たとえ忙しくても字句を丁寧に文言を優美に書くことに努めている。

夜は宴会、相談などのために十時過ぎまでかかることが多く、一家団欒して食事をともにすることは、月のうちに五、六日しかない。外の用事がすんで帰宅してからは、新聞雑誌を読んだり、あるいは人に読ませて傾聴したりする。これはひと通り社会の風潮を知っておかなければならないからである。拙筆ではあるが揮毫を依頼されたものが常に三、四百枚はあって、ときどき催促を受けるのであるが、紙に臨めば精神も落ち着き、気持ちよさを感じるのであるけれどもその時間さえない。こんなふうで毎日寸暇もなく追い回されている。

“世にきっちり恩返しする”この決意から、自信は生まれる

ふだん私があまりに忙しがるので、家族の者から「そろそろ他人の世話ばかり焼いていないで、少しは子どものことも心配してもらいたい」などと苦情を申し込まれることもある。私も子どものこと、家族のことに気をかけないわけではないが、もしここに二つの仕事があって、一つは自分の利益となり、一つは公共のことであるとすれば、まず公共のことから片づけたくなるのが私の性質である。それも、強いて自分を曲げ自分の利益を棄てて世のためを計ろうとするのではなく、性質上そうしなければ気がすまないし、またこうするのがこの世に生まれてきた自分の務めであると信じている。しかしこの間にも緩急《かんきゅう》軽重《けいちょう》を検討して、いかに公共のためとはいえ、さらに緊急な、さらに重大な問題が起これば、それをやめて自分の問題を先にすることもある。この区別はしているが、とかく公共の

仕事には身が入りやすく、そうしてそのために平生の多忙を加えることになってくるのである。

元来、人がこの世に生まれてきた以上は、自分のためだけではなく、必ず何か世のためになるべきことをやる義務があるものと私は信じる。つまり人は生まれるとともに天の使命を享《う》けているのである。世に生まれ出たのは、直接には父母の恵みであるが、本源は造物主があって、何事かやるべき使命を与えて、自分をこの世に出したのであるから、この使命を全うすることは人間の義務である。才能ある者はあるだけ、また少ない者も少ないだけの才能を用い、それぞれ力を尽くすのが人としてこの世に対する義務であると私は確信している。したがって私の人生の方針もここに基準をおいている。

これは必ずしも『論語』から得たものでもなければ、仏教や神道に学んだわけでもない。ましてキリスト教によるはずもないから、ただ私の性格から自然にこのように信ずるのであると言うよりほかはない。もっとも『論語』には天の使命に関することが説いてあって、孔子は「怪力乱神を語らず」（述而《じゅつじ》）、仏教のように三世を説かないけれども、『論語』一編を通読すると、孔子も自分以外に自分を導くものがあることを信じていたようであるから、孔子自身もまたその一生を天の命じるところに捧げたのであろうと思う。

私はこの世に生まれた人はいずれも天の使命を帯びているると信じているから、自分もまた社会のこと、公共のことにはできるだけの貢献をし、その使命を果たしたいと考えている。

単に実業家として一身の利益を図り栄達を望むのなら、他に財産を貯える方法があるかもしれないが、これは私の主義でない。また死んでいくこの身が巨富を蓄え、これを子孫に遺すということもやりたくない。ふだん私が公共のことに心がけて、一般の実業家とやり方をやや異にしているのも、要するにこの信念から来たものである。

わが家、わが子孫が大切なら

私は多くの財産を子孫に遺すことを人間の目的とすることは間違いであろうと思う。人間は努力すれば必ずその報酬はあるものである。あえて巨億の財産を遺さなくても、その子孫にそれなりの学問を授け、その知能を啓発しておきさえすれば十分自らを養っていくだけの力があるはずである。必ずしも遺産をその子孫に与えることを悪いとは言わないが、自分の使命をおろそかにしてまでも遺産をつくる必要はないと思う。

私は裸一貫から今日に至った。私の血洗島（埼玉県深谷市）の実家は地方の資産家中に数えられたもので、私が家にいた頃は多少財産を費やしもしたが、江戸に出てから後は一文の補助も実家に請うたことがなく、今日まで自分の努力で自分を養ってきた。それだけではなく今日の生活は、自分にはその分を越えたものと思って喜んでいるくらいである。しかしこれは自分ばかりではなく、世間にはこのような人がたくさんあろう。働きさえすれば誰でもそれなりの生活を営むことができるもので、親の財産に頼ったり、他人の後援を当てにしたりしてはいけない。そうして国民のすべてがこの心になれば、国家の富は言うまでもなく、国民自身の幸福も増進するであろう。

もしわが家を大切であると思うならば、これを保護し守ってくれる国家はさらに大切ではないか。わが家に対する努力の一部分を割いても、国家公共のために尽くすのは当然の義務である。自分の利益だけを図り、子孫に財産を遺そうとするような人は、かえってその子孫を害することになりはしないか。

学問と精神と身体の健康さえあれば、人は努力して自らを養う力のあるものである。財産を積んで子孫に依頼心を増長させる必要は決してないと思う。しかしこのように論じたからと言って、家にわずかな備えがなくてもいいと極端な説を立てるのではない。身分にふさわしい家に住み、ひと通りの家具調度もなくてはならないもので、品位を保ち得るだけのことはしなければならないが、ただ私利にのみ目がくらんで、社会公共のことを度外視したくないというまでである。

折れない心はこの信念をもって突き進めば得られる

私は国家のためには何事をも辞さない覚悟がある。そうして事に当たって一度こうと決定するまでは、深く考えを巡らし研究思索もするが、決定したうえは決して心を迷わさない。いったん決心すれば必ず邁進して途中で休むことなく、それによってたとえ失敗することがあっても、これは天命であると諦める。人力を尽くしてどうすることもできないものであるならば、もはや悔いても泣いても及ばないではないか。しかし、私は自分で天の使命を受けている者であるという信念を抱いているから、どんな困難と闘ってもあえて苦痛と思わない。国家公共のために尽くすのがその使命だからだと信じているから、自身の利益を犠牲にすることがあっても、不快を感じないのである。

私は、このような精神で行動しているのであるが、私の意志が誤解されたり、十分徹底しなかったりするために、かえって世人から情けない想像を下されることもないではない。自分は本当に誠心誠意国家のため事業のためと信じて行なったことでも、事情が通じないためか、あるいは故意に曲解してか、意外な非難を受けることもある。しかし、それはもとより意に介すべきものではない。

私は依頼心は最もよくないことと思い、また人に頼ることが大嫌いである。

私は官界に知人もあり、権勢家と親しくしてもいるが、かつて官界にへつらったこともなければ、権力に屈従したこともない。私は微力でも、何事も自分で行なおうとするところは自分でやり、いまだ一度も権力に依頼することなく、政府に対しても常に同一の態度を持続してきた。にもかかわらず、私がふだん官界の人やいわゆる権勢家と親しくしているのを見て、渋沢は官界と結び、権勢家と組んでいると曲解する者がないでもない。これらの非難に対して、自分自身はやましくないだけにむしろそれらの人を気の毒に思い、もう少し深く観察してくれたら、私がどんな人間であるかぐらいはわかるだろうにと思うこともある。

けれども幸いにして近頃は、これらの誤解や曲解にあっても平生の心を動かされなくなった。少し言いすぎかもしれないが、自分の行動は何ものにも恥じないつもりであるから、たとえ他人から何と言われようと嘆息もしなければ、人を咎めず、天も怨まないようになった。この境地が、孔子の「終身の憂いあるも一身の怒りなし」というものであろうか。このように私は天の使命を全うしたいものだと希望している。

5 人間一生の大事をやり遂げるための基本中の基本

大志の人ほど小事をおろそかにしない

人はとかく大事をなすに当たっては、十人が十人まで慎重な態度をとってこれに臨むが、小さな物事に対してははじめから馬鹿にしてかかる傾向があり、「なに、仕損じたところで知れたものだ」などとほとんど度外視している。

これは大きな考え違いではなかろうか。

すべて事には小事あり大事あり、物にも小と大との別があって、小事物の集合が大事物となるものであるから、小事物だからと言ってこれを軽視することはできないはずである。

小事物を軽視せず、大事物に接するときと同じように心を集中してこれに臨むならば、おそらく仕損じとか、手抜かり、計算違いなどの間違いは起こらない。それを世人は往々にしてこれは小事だから捨てておき、これは瑣事《さじ》だからかまわないと、まるで自分のやるべきことではないような取り扱いをするのは考え違いである。だから、私は特にこの一つのことに集中して、何事によらず軽率にしてはならないと戒めるのである。

結局、シングルタスクが大事

私はふだん自ら努めてこの主義を採っているつもりである。たとえば一通の手紙を書くにも、筆を執って紙に対している間は精神をそのことに集中し、他のことは決して思ったり考えたりしないようにする。手紙のようなものは人を相手にする仕事で、それも口で言う場合には間違ったことを言っても、ただちに取り消して、相手に悪感情を抱かせないようにできるが、手紙に書いてやったことはそうはできない。それだけに手紙を書く場合にはことさらに注意に注意を重ねてやらねばならない。世人が手紙を書くことなどに精神を用いるのは、馬鹿げたことのように思っているのは、思い違いもはなはだしい。

私は一事一物に接するにも必ずそれに精神を込め、小事だからよい、瑣事だからかまわないというようないい加減な考えをもたない習慣をつくることを世人に勧めたい。

自分が事物に接して精神を集中するということは、仕事ばかりでなく遊びや娯楽のときでもやはり同じである。遊ぶときにも満身の精神を打ち込んで遊ぶというのはちょっとおかしいが、「よく働きよく遊ぶ」という諺《ことわざ》のあるとおり、働く場合に十分精神を集中して働いたなら、遊ぶ場合にもまたこの疲労を癒すべく十分に遊ぶのがよいので、遊ぶときに十分精神を込めて遊ばないような人は、必ず働くときも十分精神を込められるものでないと思う。だから自分は仕事をするのに、事の大小軽重の別なく精神を入れてこれを行なうと同時に、遊ぶときにも精神を入れて遊ぶようにしてきた。

獅子は兎を追うのにも全力を用いる

何事によらず、一事一物を満足にやり遂げるには、心を集中するよりほかに方法はない。心を集中して一事一物に当たれば、その事物が一つしかできないが、一時に一事物を完全にやり遂げればそれでたくさんである。ところが一つのことに専心しないで、幾多の事物に関係するから、どの一つも満足にできないという例はしばしばあることだ。なんでも一事物に対して心を集中すればそこに精神が込もるから、そのことは必ずやり遂げられるものである。大事に当たってはもちろん、小事瑣事でもこの心がけを忘れてはならない。

世の諺に「獅子は兎を追うにも全力を用いる」というものがあるが、私のこの考え方と同じ比喩である。心を込めてやる習慣をつくれば、大事はおのずからこれによって解決される。すべて世の中のことは大事に心を用いるよりも、まず小事に専心することが最も重要だと思う。

6　一生尽きることのない「幸福」を手に入れる法

〝見せかけの運〟に惑わされるな

幸福にも、一時的な幸福もあれば永久的な幸福もある。同じ一語でも解釈はいろいろにつけられるが、私はここでは人生における永久的な幸福を指したので、これを他と区別して真の幸福と言ったのである。真の幸福とはどういうものか。富貴が必ずしも幸福でなく、貧賤が必ずしも不幸ではあるまい。富と地位を得て、物質的な欲望において何一つ不足のない身分であっても、人生の目的たる知識を磨き、徳行を修めることを忘れていれば、その人の富貴は、幸福ではない。

これに反して、貧しくても、人間の踏むべき道を踏み、行なうべきところを行なっていくならば、貧しくてもむしろ幸福の人と言えよう。だから人生における真の幸福は、富貴と貧賤によってこれを分けるべきものではない。知と徳を修めこれを磨くことによって、真の幸福は得られるものであると思う。

心に「常道」をもつ人は何があっても強い

『論語』の中に富貴に対する孔子の見解の言葉に、「疏食《そし》を飯《くら》い、水を飲み、肱《ひじ》を曲げてこれを枕とするも、楽またその中に在り」というものがある（述而）。

これは貧賤を慰めたものであるが、どれほど貧しくても人間の道さえ行なっていれば幸せであるというものである。けれども貧賤でも幸福であると言ったところで、富貴であるうえに徳を修め知を磨くならば、これに勝る幸福はあるまい。孔子もまたこの貧賤について述べたことがある。

あるとき子貢《しこう》が、「貧しくしてへつらいなく、富みて驕るなきはいかに」と問うたのに対し、孔子はこれに答えて、「可なり、いまだ貧にして楽しみ、富みて礼を好む者にしかざるなり」と言った（学而）。人は貧すればへつらい多く、富めば驕るというのが世の常であって、貧しくてもへつらわず、富んでも驕らないのは見識ある人でなければできないところである。しかし孔子はそれ以上の意味を含めて、貧賤を気にせず人間の行なう道を行ない、富貴を驕らず礼を忘れない者でなければならないと言った。人はすべからくこの心がけであるべきである。

人の心はとかく、富貴と貧賤とによっていろいろに変わりやすいものであるが、結局そういう人は心に常道のない人で、知識を磨き徳行を修めることを怠っているからである。尊ぶべきものは、富貴よりも貧賤よりも、人道という大切なものが別にある。これさえ失わないように努力さえすれば、真の幸福は必ずその身辺に集まるであろう。

富貴も真の幸福も「原因と結果の法則」から生じる

富貴といい貧賤といい、それはつまり人々の心しだいで、また自分の力いかんによって得られもし失われもするものである。現在貧賤な者でも、努力すれば五年十年の後には富を積むことができよう。また現在富貴の人でもその心のもち方いかんによっては、五年十年も経たずに貧賤者となってしまう。

このように集めることが可能で、またなくなってしまうのが早い富というものを当てにするよりも、確固不動の人間の道に向かって蓄積することを努めなければならない。現在自分が富貴ならば、富貴を驕らずますます礼を好むように心がけ、もし自分が貧しくても、これを気にせず道を楽しむようにするとよい。そうすれば人生における真の幸福はおのずからそこにあるのである。

貴賤というのは、帰するところその結果である。何よりも先にこの結果を生む原因を考えねばならない。原因さえよかったならば、結果は必ずよくなる。人間の弱点として、一般に原因を考えず結果を先に見たがるものだが、これは前後を転倒することははなはだしいものである。知識を磨き徳行を修めるということは、人生において真の幸福を得る原因である。

この原因さえ誤らずに押し通すことができれば、結果である富貴もそれにつれてくるものであることは明かな道理である。しかしながら世にはまま不正にして富む者がいる。これは原因結果の理に外れたものではあるまいかという疑問も起きようが、孔子も「不義にして富み、かつ貴きは、我において浮雲のごとし」と述べている（『論語』述而）。

それは真の富貴でもなければ幸福でもない。だから貧しくてもこれを気にかけず、富貴ならば驕慢の心を出さぬようにし、ただ智徳を修めることを心がけ、その結果である人生の真の幸福を得ることに努めなければならない。

第二章

信念こそ最強の〝資本〟である

《論語と算盤の両立》

1　『論語』の生かし方・算盤《そろばん》のはじき方

半分だけ教え、あとは自分の頭で考えさせるのが孔子流

『論語』が孔子の言行録であることは、いまさら説くまでもないことだが、いまその『論語』を通して孔子の性格をうかがってみると、孔子は容易に本音を吐かない人であった。常に事物の半面だけを語って、全体を悟らせることを努めていたように思われる。

なかでも、門下の諸子に説いた教訓は、たいていこの側面観によって反省を促していたものである。それはいま例をあげて説明するまでもないことであるが、「仁」ということを弟子に説いて聞かせるにも、甲に説いたところと、乙に教えたところと丙に語り丁に示したところとはおのおの異なったもので、その人物の性格を見て、それに適応するように説き聞かせたものである。

俗に「人を見て法を説け」と言われるが、孔子の教育法はまさにそれであった。この事実については誰もこれまで認めていたところで、孔子の教えを慕う者は、皆そういう気持ちで『論語』を読んでいたに違いない。だが、孔子のこの教育法がかえって後人から誤解される動機をつくり、知らず知らずの間に孔子の本領を誤り伝えるようになったのである。

だから学者さえ、誤解が九割

「『論語』読みの『論語』知らず」などと嘲《あざけ》って、自らは『論語』の真意を会得していることを誇り、『論語』を曲解している三流学者を罵った連中でさえ、巧妙な孔子の側面観的教訓に惑わされて、無意識の中に「『論語』読みの『論語』知らず」に陥っていたのは、滑稽である。とにかく孔子の教えは広範なものであるから、解釈の仕方、意味の取り方によってはどうにでも見える。だから誤解もまたはなはだしくなってくるわけであるが、私は実業家の立場から『論語』を見ると、学者のいまだかつて発見しないところに非常な妙味を見出すことができる。

これまで学者が孔子の説を誤解していた中で、その最もはなはだしいものは富貴の観念、利殖の思想であろう。彼らが『論語』から得た解釈によれば、「仁義王道」と「貨殖富貴」

との二者は氷炭《ひょうたん》相容れないものとなっている。ところが孔子が「富貴の者で仁義王道の心ある者はないから、仁者となろうと心がけるならば富貴の念を捨てよ」という意味を説いたかと言うと、『論語』二十篇をくまなく捜しても、そんな意味のことは一つも発見することができない。いやむしろ孔子は貨殖の道を説いているのである。しかし、その説き方が例の側面半面観的であるものだから、学者たちがこれの全体像を理解することができず、誤りを世に伝えるようになってしまったものと思われる。

驚くべき現実家——孔子の金銭感覚

例をあげれば、『論語』の中に「富と貴とはこれ人の欲する所なり、その道をもってせずしてこれを得れば処《お》らざるなり。貧と賤とはこれ人の悪《にく》む所なり、その道をもってせずしてこれを得れば去らざるなり」という句がある（里仁）。

この言葉は、いかにも言葉の裏に富貴を軽んじたところがあるようにも思われるが、実は側面から説いたもので、仔細に考察すれば富貴を卑しんだところは一つもない。その主旨は富貴に溺れるものを誡《いまし》めたまでで、これを理由に孔子は富貴を嫌ったとするのは、誤解もはなはだしいと言わねばならない。

孔子の言おうとしているところは、道理をもって得た富貴でなければ、むしろ貧賤のほうがよいが、もし正しい道理を踏んで得た富貴ならば、あえて差し支えはないという意味である。こうして見れば富貴を卑しみ、貧賤を称えたところは少しもないではないか。

この句に対して正当の解釈を下そうとするならば、「道をもってせずしてこれを得れば」というところによく注意することが肝要である。

さらに一例をあげれば、同じく『論語』に「富にして求むべくんば執鞭《しっべん》（御者）の士といえども、われまたこれをなさん。もし求むべからずんばわが好むところに従わん」（述而）という句がある。これもふつうには富貴を卑しんだ言葉のように解釈されているが、今、正当な見地からこの句を解釈すれば、富貴を卑しんだというようなことは一つも見当たらないのである。富を求め得られるなら卑しい車の御者となってもよいというのは、正道仁義を行なって富を得られるならばということである。

すなわち「正しい道を踏んで」という句がこの言葉の裏側に存在していることに注意せねばならない。そうして下半句は正当の方法をもって富を得られないならば、どこまでも富に恋々としていることはない。腹黒い手段を使ってまでも富を積もうとするよりも、むしろ貧賤に甘んじて道を行なうほうがよいという意味である。だから道に外れた富は思い切るのがいいが、必ずしも好んで貧賤になれとは言っていない。今この上下二句をまとめれば、正当の道を踏んで得られるならば、車の御者となってもよいから富を積め、しかし不正の手段を取るくらいならむしろ貧しいままでおれということで、やはりこの言葉の裏面には「正しい方法」ということが潜んでいることを忘れてはならない。

孔子は富を得るためには、卑しさをもいとわない主義であった、と断言したらおそらく世の道学先生は眼を丸くして驚くかもしれないが、事実はどこまでも事実である。現に孔子自らそれを口にしているのだからいたしかたない。もっとも孔子の富は絶対的に正当の富である。不正当の富や不道理の功名に対しては、いわゆる「われにおいて浮雲のごとし」（述而）であったのだ。

学者はこの区別を明瞭にせずに、富貴と言い功名と言うと、その善悪にかかわらず、なんでも悪いものとしてしまったのは、早計もまたはなはだしいではないか。道を得た富貴功名は、孔子もまた自ら進んでこれを得ようとしていたものである。

"孔子の教え"をねじ曲げて日本に紹介した大学者・朱子の功罪

それなのに、この孔子の教えを世に誤り伝えたものは、宋朝の朱子であった。

朱子は孔子の研究学者の中では最も博学で、偉大な見識をもっていた人であったが、孔子の富貴説に対する見解だけはどうも同意することができない。これは朱子だけでなく、いったいに宋時代の学者は異口同音に孔子は貨殖富貴を卑しんだもののように解釈を下し、いやしくも富貴を欲して利殖の道を考えているものは、とうてい聖賢の道を行なうことができないものであるとしてしまった。

したがって仁義道徳に志すものは、必ず貧賤に甘んずるということが必要になって、学者は貧しくあるべきであり、利殖の道に志して富貴を得る者を敵視するような傾向を生じて、ついに彼らを不義者にまでしてしまったのである。

それなのに、朱子の学風はわが国においてはすこぶる勢力があったから、孔子に対する誤解もまた社会一般の思想となり、富貴を願い利殖に関係するものは、なんでもかんでも仁義の士とは言わないようになった。ことに富に関する事業の地位が低かったために、この観念はいっそう強いものとなって社会に現われていた。

要するに、わが国の国民性をつくるうえにおいて、朱子学は大きな貢献をしたことは認めなければならないが、それと同時に富貴貨殖と仁義道徳とは相容れないという、誤った思想を蔓延させた弊害も隠すことができない事実である。一世の大学者たる朱子でさえそのようであるから、いわんや後の凡学者たちがこれに雷同して、孔子の本領を誤らしめたことは無理のないことであろう。

“講釈師”孔子の裏に隠された偉大なる野心

元来、孔子を一人の道学先生であると解釈してしまうから、こんな間違いも生じてきたのである。孔子は後の学者が考えるような道徳の講釈ばかりをする教師ではなかった。いやむしろ堂々たる経世家（政治家）であった。孔子を政治家であると断定するのは、私だけではない。それは孔子が四方に遊説した事実を調査すれば、誰でもわかるところである。

福地桜痴《おうち》の著述した『孔夫子』という書物があるが、その中に次のような言葉がある。

「孔子は、若い時代から常に政治家となる野心を抱いており、晩年に及ぶまで自分が国家を治める機会を狙って東西に奔走していた。けれども、彼が一生を通じてその志望を果たすべき時機は、ついに来なかった。だから六十八歳のとき、断然政治的野心を放棄してしまい、以後五年間における孔子の生活は、まったく道学の宣布、子弟の教育に一身を委ねていた……」

私はこの説に全部が全部同意するわけではないが、少なくとも孔子の生涯を知る者なら、政治に志をもっていたということを否定する者はないであろう。このような観察のもとに孔子の説を見れば、それは確かに堂々たる政治家の主張である。孔子が利殖の道に対して決していい加減にしなかったのは、当然のことと言わねばならない。

古の聖人は、その徳をもってその地位にいた人々で、堯舜禹湯文武《ぎょうしゅんうとうぶんぶ》（古の聖君・名君たち）などがすなわちそれである。そうして孔子もその徳を備えていたけれども、不運にしてその地位を得ることはできなかった。だから彼はその全身に満ちた経綸《けいりん》（国家の政策）も実施することなく終わったのであったが、もし孔子を堯舜禹湯文武のような為政者の地位に就かせたならば、必ずやその国家経営的思想を遺憾なく発揮したことであろう。

孔子の根本主義は『大学』に説いているように「格物致知《かくぶつちち》」（物に格《いた》りて知を致す）にある。利殖の道はまた政治の根本である。孔子が政治に志をもっていたものならば、利殖の道を除いて政治の方法はあり得ないから、必ず利殖を重んじていたに違いない。これが私の見解である。

私の〝考える力・行動力〟の源泉がこれだ

近年漢学の再興につれて『論語』もだいぶ読まれるようになってきたらしい。しかし『論語』を読んでも、昔のように、富貴功名を卑しむべきものであると解釈していては、何の役にも立たない。

これを読むに当たっては、「『論語』と算盤」の関係を心とし、これによって政治経済の大本を得ようとしてこそ、はじめて本当に意義あるものとなるのである。「『論語』読みの『論語』知らず」ということは、もはや前世紀の言葉である。今はこれを読んで、一つひとつ生きたものとして使用しなくてはならない。

今日でも生意気な青年など、『論語』を旧道徳の典型、旧時代の遺物として、ほとんどこれを顧みない。これは大きな誤解である。聖人の教えは永遠に変わらないもので、時代によって要不要になるべきものでない。私は明治時代に生活し、しかも『論語』を行動の手本としてきたが、今日までたいへん役に立ってきた。旧時代の遺物でもなければ旧道徳の典型でもない。今日に対処して今日に行なうことのできる処世訓言である。

実業界に志あるものは、『論語』を指針とすることを勧める。

2　自己を成長させ、日々の仕事を磨く「士魂《しこん》」

武士の〝真面目《しんめんぼく》〟とは何か

「武士道」という言葉が言いはやされるようになったのは、徳川家康が幕府を江戸に創建した後のことであるらしい。それ以前鎌倉時代から武士の道はあったが、「武士道」という名称はまだついていなかったように思われる。いわゆる「刀の手前」とか、あるいは「弓矢の道」などという言葉は武士道に等しいもので、武士たるものの去就進退を決める目標としてあった。

それならば武士道とは何であるかと言うと、武士が他に対して自分の態度を決定すべき場合に、不善、不義、背徳、無道を避けて、正道、仁義、徳操を守ろうとする堅い道徳心、崇高な観念であって、礼儀廉恥《れんち》を真髄とし、これに任侠の意義を含ませたものであると言うことができよう。だから腰に両刀を帯びる以上は、受けてはならないもの、取ってはならないものは、どんな場合にも必ずこれを退け、また徳義上あるいは自分の責任上なさねばならないことならば、たとえどんな困難辛苦に遭っても、一命をなげうってまでも必ずこれを成し遂げるという決心をもったものだ。

「刀の手前捨て置かれぬ」とか、「弓矢の道が立たぬ」とかということは、このような場合の武士たる者の取るべき道を言ったもので、この心が行ないとなり、その行ないが道にかなない、臨機応変、これを誤ることのないことを武士の本領とし、武士は競ってこの境地に心身を置こうと志した。たとえてみれば武士における武士道は、仏者の悟道、キリスト教者の天国のようなものであった。

阿部豊後守が将軍家光に命を張って示した〝至誠〟

古来、武士道の典型と言える話はたくさんある。なかでも阿部豊後守忠秋が三代将軍家光を諫めたことなどは、明らかに武士道の一端を発揮したものだろう。忠秋は後の世に聞こえた名相になったが、青年のときに主君家光が、年少の客気に駆られて暴挙に出ることがあるのを深く憂え、どのようにしてもこの悪癖を諫止《かんし》したいと心がけていた。

当時、将軍家では、毎年正月の道場開きの当日、治にいて乱を忘れぬ心から、将軍自ら道場に出て家臣と太刀合わせを試みることを慣例としていたが、家臣は主君の権威に阿諛《あゆ》してわざと負けるような風潮があったので、せっかくの太刀合わせも一つの形式となってしまった。忠秋はこの悪習を家臣の道ではないと、心ひそかに苦々しく思っていたが、ある年家光は家臣のにせ負けに勝ち誇り、忠秋にもひと太刀参れと強いた。忠秋は再三固辞したけれども、どうしても聞き入れられない。やむを得ない、この機会に日頃の暴慢を諫めようと意を決し、腕に任せて将軍を打ち負かした。

はたして家光の逆鱗に触れてしまったが、忠秋はもとより自ら期するところであるから深く謹慎の意を表わしていた。そのとき、老臣大久保彦左衛門だけは忠秋の心境を察し、機を見て将軍の憤りを解いてやろうと時機を待っていた。

そしてその年の夏、隅田川の大洪水に際し、将軍自ら馬を水辺に立てて逆巻く激浪を乗り切ろうと焦ったとき、彦左衛門は好機を逃さず、目配りをして代わりに忠秋に隅田川乗り切りの功名を立てさせた。このありさまを眺めた家光ははじめて自分の非行を後悔し、「このような危険を冒しても人に後れを取るまいとの覚悟は立派なものだ。道場開きの際私を打ち負かしたのも、彼は私の足りないところを励まそうとの誠意であったに違いない。その心情を悟らず、かえってこれを疎《うと》んじたのは私の過ちであった」

と、再び忠秋を重用したという話がある。
これは市中で伝えられるもので、必ずしも事実であったかどうかは断言しがたいが、とにかく武士道は忠秋の行為のようにあるべきだとの例証としては適切なものである。いかに主君に疎まれ誠意を誤解されたからと言って、いたずらに自分の運命をはかなんで、自暴自棄に陥るのは武士たるものの本分ではない。

忠秋が洪水中に馬を乗り入れたのは、主君に疎外されたのをはかなく思って潔く君前に最期を遂げたいというような悲観的な行動ではなかった。もちろんそのような場合、必死の覚悟をもってかかったには違いないが、かねて水練のたしなみもあり、必ず激流を乗り切る成算があったに違いない。ここで主君の怒りを解かなくてはせっかくの誠意も無になる。この一挙はやり遂げねばならないとの決心でやったものである。

忠秋の心境がそういうところにあればこそ、はじめて武士道の典型として世にもてはやされるので、もし彼が自暴自棄に馬を乗り入れ、精神はそこになかったとすれば、このような偉功を立てることはできなかったであろう。もっともこれだけのことでは、まだ武士道の真髄を説明するには足りないが、その一端だけはうかがうことができるだろう。

誤解だらけの〝武士の高楊枝《たかようじ》〟

武士道の真髄は、正義、廉直《れんちょく》、義侠、礼譲等を合わせたもので、ひと言でこれを武士道と唱えるけれども、その内容はなかなか複雑な道徳である。私が常日頃残念に思うのは、日本の精華たるこの武士道が、古来武士社会にだけ行なわれて、実業の世界では、その気風が少なかったことである。

昔の商工業者は武士道のようなものに対する観念をひどく誤解し、正義、廉直、義侠、礼譲等では商売は立ちゆかないものと考え、「武士は喰《く》わねど高楊枝」というような気風は、商工者にとっての禁物であった。これは時勢のしからしめるところもあったであろう。けれども武士に武士道が必要であったように、商工業者にもまたその道が必要なので、商工業者に道徳は要らないなどとはとんでもない間違いである。

封建時代において、武士道と実業の道とが相容れないように考えられたのは、学者が仁と富とは両立しないもののように考えたのと同じ誤りである。両者ともに相反するものでないことは、今日では誰もが認めるところであろう。

孔子の「富と貴とはこれ人の欲する所なり、その道をもってせずしてこれを得れば、処《お》らざるなり。貧と賤とはこれ人の悪《にく》む所なり、その道をもってせずしてこれを得るも去らざるなり」は、武士道の真髄である正義、廉直、義俠等に適合するものではあるまいか。

孔子の教えにおいて、賢者が貧賤の中にいてその道を変えないというのは、武士が戦場に臨んで敵に後ろを見せない覚悟と似たもので、正しい道をもってするのでなければたとえ富貴を得ても安んじてこれに満足しないというのは、これまた武士がその道理に合わなければ一本の髪の毛も取らなかった意気と同じ考え方と言ってよかろう。富貴は聖賢もこれを望み、貧賤は聖賢もこれを欲しなかったけれども、ただ人々は道義を「本」とし、富貴貧賤を「末」としたが、昔の商工業者はこれを反対にしたから、ついに富貴貧賤を「本」として、道義を「末」とするようになってしまった。誤解もはなはだしい。

どんな商売においても間違いのない世渡りの〝本筋〟

この武士道は、ただ学者とか武士だけに行なわせるものではなく、文明国における商工業者の、よって立つべき道もここにあると考える。欧米の商工業者が、互いに個人間の約束を尊重し、たとえその間に損益はあるとしても、一度約束したら、必ずこれを履行するというのは、徳義心の堅い、正義廉直の観念にほかならない。

ところが日本の商工業者は、まだ旧来の慣習をまったく脱することができず、道徳的観念を無視して、一時の利に走ろうとする傾向があって困る。欧米人も常に日本人がこの欠点をもっていることを非難し、商取引で日本人に絶対の信用を置かないのは、わが国の商工業者にとって非常な損失である。人間としてその世渡りの本筋を忘れ、不正を行なってまでも私利私欲を満たそうとしたり、権勢にこびへつらって栄達を図ろうとするのは、生き方の基準を無視したもので、長続きするものではない。

身を立てようとするならば、その職業、身分のいかんに関係なく、終始自力を本位としてわずかの間も道に背かないことに留意し、自ら富み栄える計画を怠らない人こそ、真に意義あり価値ある人間の生活と言うことができよう。

武士道をもって実業道とするのがよい。日本人はあくまで大和魂の象徴である武士道をもって立たねばならない。商業であれ工業であれ、この心をもって心とすれば、世界の優位に立つであろう。

実業家は旧来の誤った思想をすべて流し去り、武士が戦場で発揮したような心がけをもって大いに世界に活躍してもらいたい。私は、武士道と実業道とはどこまでも一致しなければならないもの、また一致できるものであることを主張するのである。

3　仕事の成功、人間としての成功

これが真の〝成功者〟像

世間で言う「成功」の意味は、自分の仕事が都合よく運び、世間の役に立つとともに自分も利益を得たというようなものを指して成功と言うらしい。

たとえば、田舎から東京へ出て立派な商店の主人になったとか、役人になって相当の地位に進んだとかというのもやはり成功として数えられる。もっとも、役人になったからと言って成功という言葉を当てはめるのはあまり適切でないが、局長になり大臣になるというくらいに出世すれば同じように成功である。しかし一般には実業界の人に、より多くこの言葉が用いられている。たとえば銀行、会社の発起人となってこの設立に力を尽くし、創立後、その重役となって活動しているうちに、その株式が上がり名声、信用ともに高くなったとか、投機家が株の売買や鉱山で巨万の富を得て、いわゆる「成金屋」の列に加わり、そうしてその金を失わずにやり通したというような者を指しても成功と言う。

このような事例を通して成功の意義を観察すると、世間ではこのような結果を得た者だけを成功と言って、その他を顧みないらしい。そうであるならば、成功とは、富と地位と、そうして事業が成功したことばかりを指すことになってしまうが、私はそうは思わない。成功ということを論ずるには、その結果のいかんにだけ注目しないで、その人が経営した事柄について、その動機、内容、手段を仔細に観察しなければならないと思う。

財産を得た方法、あるいは官界に地位を得た経路が道理に欠けず、正義を失わず、妥当なる手段で成就したものならば、私はそれが真の成功であろうと思う。しかし世の中は複雑で、一理で万事を押し通すことのできない場合がある。

たとえばある人の行なうところがすべてその道理に当たり、一つとして欠点なくやってきても、ときには一生を不運のうちに送ってしまう場合もある。それに反し、正当でない手段に出て、恥ずかしいようなことをやっても、幸運に一生を過ごす者もいる。そうして今日のいわゆる成功論をもってこれを評すれば、前者を失敗者として、後者を成功者とするであろう。これは結果にだけこだわる悪弊で、不公平も極まれりと言わねばならない。

なぜ左遷された菅原道真が「成功者」と呼ばれるのか

成功と失敗ばかりでその人を論ずるならば、困った結果を生ずることとなる。一例をあげれば菅原道真と藤原時平はそのいちじるしい例である。

世間の人がよく知っているように、道真は宇多《うだ》天皇の信任を得て右大臣に進み、当時昇る朝日の勢いのあった左大臣藤原時平とともに政務に参与していた。帝は藤原氏の専政を抑えようとの意志から、道真を重用したのであったが、醍醐《だいご》帝が即位されるに及んで藤原氏の権勢はいっそう強くなり、その一族でない道真は排斥される運命に陥った。こうして時平をはじめとして、藤原定国、藤原菅根《すがね》、源光《ひかる》たちは帝に「道真は帝を廃してその女婿《じょせい》斉世親王（醍醐帝の御弟）を位に即けようと企んでいる」と告げ口したので、道真は太宰権帥に左遷され、二年の後その地で死んだ。

今の成功論に照らし合わせれば道真は失敗者、時平は成功者である。なぜなら、たとえ悪企みとはいえ、時平はあくまで藤原氏の権勢を守り抜いたのに反し、道真は正義正道によったとはいえ、悲惨な結果に終わったから、結果だけを注目する今日の成功論では、失敗者である。しかし、当時、権勢飛ぶ鳥を落とすほどの時平は、今日の社会では価値なきものとされて、当時の罪人だった道真は、正一位太政大臣を贈られ、今日までも学問の神様として祀《まつ》られて、どんな子どもでも天満宮の名を知らない者はないくらいである。当時の失敗者である道真が今日の成功者となり、当時の成功者である時平が今日の失敗者となっている。そして私もまた道真を、真の成功者と認める者である。

賢者は、成敗をもって〝英雄〟を判断することはない

もし結果だけで成功失敗を論じるならば、人は結果にばかり重きを置くようになり、目的を達するには手段を選ばずと、こっそりと悪事も行ない、最後は、終わりよければすべてよしの境地に達するであろう。

社会の風潮がそのようになったらどうであろうか。道義の観念は地を払って去り、人は理性を失ない、社会の秩序が破られるのは、火を見るよりも明らかである。このような結果を生むものをどうして成功と言うことができよう。

真の成功とは、「道理に欠けず、正義に外れず、国家社会を利益するとともに自己も富貴に至る」ものでなくてはならない。換言すれば一時の結果のいかんにかかわらず、その内容に重きを置いて論ずるものでなくてはならない。「成敗（成功と失敗）をもって英雄を論ずるなかれ」とは古人の金言であるが、これは敗者を何がなんでも失敗者とし、勝者

を何の理由もなく成功者としてはならないと警告した言葉である。

実業界でもやはりそのとおりで、巨万の富を積んだからと言って必ずしも成功者でなく、窮地に苦しんでいるからと言って必ずしも失敗者ではない。その富むに至った道、敗れるに至った道のいかんによって、はじめて成功と失敗とが明確に分かれるものであることを忘れてはならない。

私はこの意味をさらに広げて、広く世間の実業家にこの観念をもたせたいと思う。つまり道理に基づいたことを行なって失敗しても、その人を嘲笑しないばかりかむしろこれを褒め、もし不正を行なって富貴に達する者があっても、それは決して成功者ではないという見方を社会の人たちがもつならば、社会の秩序は守られるであろう。

そうでなくて、現在広く行き渡っている成功論が社会から是認されれば悪人は世にはびこり、ことに実業界は、不道徳者、不徳義漢がはびこるに違いない。分別もなく、玉石混淆して同一に論じられることになれば、不道理とか、不信用とか、不徳義とかいうものの判別はつかなくなる。このような状態になれば、将来の実業界を教育するうえでもはなはだ困ったことになると思う。というのも不道理、不徳義で金持ちになった者も、社会はこれを憎まないようになるからである。だから成功を願う者、成功を論じる者は、ぜひとも厳しく善悪を見極め、その判断を誤らないようにすることが必要であろう。

4 迷わないためにも、この大きな「信念」にのっとって生きよ

大きい仕事をする人は、人格も立派に変わっていく

現在、大実業家、富豪と言われる人々の中には、今日の身分地位をつくるまでには種々の経路を経ており、衆人の羨望を受け、批評を通り越して人身攻撃までやられる者が少なくない。そうして世間はこのような人々を例にとって「悪人でなければ成功はしない。今の世は悪人栄えて善人亡ぶ」などと言って、恥を知る学生などになると、実業界に進んで働くことをためらう人もあると聞いている。

「天道（天の摂理）是か非か」とは古人の天命に対する疑いの言葉であるが、現代もそうであろうか。善人が滅びて悪人が栄えるとは本当に事実であろうか。

この問題に対して、世間はどう解釈を下すか知らないが、私は「そうではない」と断言する。思うにこれは世間が観察を誤っているので、私はまだ善人が滅びたことも聞かなければ悪人が栄えたことを見たこともない。世間が悪人と見ている者は、いつの間にかその事業の規模が大きくなるにつれて善人になっており、かつてはよからぬ手段で蓄財に熱中した者でも、今は善人の行ないをしている。だから私は、断固として天道は正しいものと確信しているのである。

だから悪人すらも変身する

悪事によって得た幸せは決して長続きしない。たとえ物質的に落ちぶれないまでも、精神的に社会から葬られる。人間の至情たる良心はいつもはっきりして明らかであるから、たいがいの人ならここで反省して善人に戻るのがふつうである。

悪事を働いて金を儲けたように世間から見られる人々は、あるいは一時はそのようなことをしたかもしれない。詐欺的方法を用いたり、賄賂でその筋をごまかしたりして、一攫千金を得た人の例は世間に少なくないから、富豪はすべてそうして金を蓄えたものだと世間から見られるのも無理はない。しかし、人間はいつも悪事を行なって平然としている者は少なく、一時は悪人と見られた者でも、良心に省みて、いつのまにか善人に変身してしまうものである。

そうすれば一時は悪人であったにせよ、それを後悔して善人になり、よい行ないを積んで昔の悪事を補うならば、「過って改むるに憚《はばか》ることなかれ」で、もはやその者の罪を責めてはいけない。しかしいつまでも悔悟せず、最後まで悪人で終わろうとする者があるならば、それは道理上滅ばねばならない。天地間の物事は常に正当に行なわれている。天道はいつも正義に味方するものである。

少年の私を叱咤激励した無学の老人の衝撃の〝仕事哲学〟

悪運という言葉をよく人は口にするが、世間にはこの悪運が強くて成功したかのように見える人がないでもない。しかし人を見るとき、単に成功とか失敗とかを基準とするのが根底の誤りではあるまいか。

およそ人は「人たるの務め」すなわち「人道」を基準として一身の行路を定めねばならない。誰でも人である務めを先にし、道理を行なって世の中のためになり、そうしてこの間に自分も立ててゆくということを理想としてもらいたい。

世の中には、いわゆる悪運に乗じて成功した者があり、善人の中で運悪く失敗した者があろうが、それらをもって羨望したり悲観したりしてはならない。ただ、人は人たるの務めを全うすることを心がけ、自分の責務を果たしていけば、それで十分満足できるはずである。成功失敗はいわば丹精（真心をこめて行なう）した人の身に残った糟粕《そうはく》（酒の絞りかす）のようなものである。

これについて面白い話がある。私の少年時代に父が訓戒の例話としてたびたび語り聞かせてくれたものであるが、その頃私の実家の近くにきわめて謹直な努力家の老人が住んでいた。この老人は非常な働き者で、朝は寅の刻（午前四時）に起き、夜は子の刻（午後十二時）に寝るというくらいに、年中休まず家業に精を出し、その結果、相当な金持ちになった。けれども彼は貧乏なときと同じ気持ちで、金ができたからと言って贅沢するようなこともなく、相変わらず朝から晩まで働き通したので、近所の人は何を楽しみに働くのだろうかと不思議に思った。そこである人がこの老人に向かい、

「あなたはもうだいぶ財産を蓄えたから、いい加減にして老後を遊んで暮らしてはいかがか」

と尋ねてみた。すると老人は、

「働いて自分の生活を整えていくこと以上に世の中に面白いことはない。私は働くことが

何よりの楽しみだ。働いていくうちに楽しみの糟《かす》ができる。これが世の中の金銀財宝であるが、私は死んだ後に残る糟粕は気にしていない」

と言ったそうである。

これを田舎者の言葉として聞き流してしまえばそれまでであるが、この言葉の中には無限の教訓が含まれていると思う。父がこの言葉を引用してしばしば誡《いまし》めたのは、今になってみればなるほどと思い当たるのである。

要するに現代の人はただ成功とか失敗とかいうことを眼中において、それよりもっと大切な天地間の道理を見ていない。人間としての務めを忘れている。人々は実質が見えずに、糟粕に等しい金銀財宝を後生大事に考えている。これらの人々は、この無学の老人に対して恥じるところはないか。

三百年の太平という大好運をたぐり寄せた家康、一流の誠実さと知力

広い世間には、成功しようとして失敗した例はいくらもある。智者は自ら運命をつくると聞いているが、運命だけが人生を支配するものではない。知恵がこれに伴ってはじめて運命を開拓することができる。いかに善良の君子人でも知力が乏しくて、いざという場合

に機会を逃したら成功はおぼつかない。

たとえば、豊臣秀吉と徳川家康がよくこの事実を証明している。仮に秀吉が八十歳の天寿を保って家康が六十歳で死んでいたらどうであったろうか。天下は徳川の手に渡らずに、豊臣万歳であったかもしれない。しかし、運命は徳川を助けて豊臣を滅ぼした。単に秀吉の死期が早かったばかりでなく、徳川には名将智臣が雲のように集まったが、一方の豊臣は淀君が権勢をほしいままにし、誠忠無二の片桐且元《かつもと》は退けられ、私情で大野父子が重用されるというありさま。そのうえ、石田三成の関東征伐の一挙は豊臣の自滅を急がせた。豊臣が愚かであるか、徳川が賢であるか。

私は徳川が三百年太平の覇業に成功したのは、むしろ運命の必然であったと判断する。しかし、この運命を捉えることが難しい。常人は往々にして出遭う運命に乗るだけの知力を欠いているが、家康のような人物はその知力で到来する運命をつかまえた。

とにかく人は誠実に努力して運命を待つのがよい。もしそれで失敗したら、自分の知力が及ばないためと諦め、また成功したら知恵が活用されたとして、成功失敗にかかわらず天命に安んじるがよい。

このようにして、敗れてもあくまで努力するならば、いつかはまた好運命に出合うときが必ず来る。数十回の合戦で連戦連敗の家康が最後の勝利を得たではないか。

自分に〝重み〟と〝光〟を与える「生き方」を

人生の行路はさまざまであって、同じように論ずることはできない。ときに善人が悪人に負けるように見えることもあろうが、長い間に善悪の区別ははっきりとつくものである。だから成功に関する是非善悪を論じるよりも、まず自ら誠実に努力するがよい。公平な天は必ずその人に幸いして、運命を開拓するように仕向けてくれるであろう。

人は何よりもまず道理を明らかにせねばならない。道理は天における日月のように、終始はっきりとしているものであるから、道理に従って事をなす者は必ず栄え、道理に逆らって事を計る者は必ず滅びる。

一時の成功とか失敗とかいうものは、長い人生、価値多い生涯においては泡沫のようなものである。この泡沫のようなものにこだわって目前の成功失敗だけを論じる者が多いようでは、国家の進歩発達も思いやられる。そのようなうわついた考えは一掃し、社会に役立つ実質ある生活をするのがよい。

もし事の成功失敗の外側に超然として立ち、道理にのっとって行動を終始するならば、はるかに価値ある一生を送ることができる。

いわんや成功などは、人間としての務めを全うした後に生じる糟粕のようなものだから、
なおさら気にかけるには及ばないではないか。

第三章

《成長》

自分の品格・器量を育てる

1　人格をどう磨き、鍛え上げるか

私流の「人格者」の定義

人格は人間にとって最も大切である。個人の人格の完成が、やがて社会の完成を意味することになるから、人として社会に対してその完成に努力することは当然の責任と言ってよかろう。人は誰でも口では簡単に人格の修養を云々するけれども、具体的にその方法を示すことはきわめて難しいことである。

『論語』にある「君子は本《もと》を務《つと》む、本立ちて道生ず。孝弟《こうてい》はそれ仁をなすの本か」（学而《がくじ》）──まずこのあたりを土台として考えよう。仁をなす源は孝弟にある。孝弟の道を行なえば、仁にも近づき、本が立ってそこに道が生じてくるというのであるから、まずその根本を把握することである。根本ができて道が生じれば、人格の修養はここに完成するはずである。

しかし、一概に人格と言っても、多くの人がみんな少しずつ違っている。たとえば青年の人格、中年の人格、老人の人格、婦人の人格、男子の人格というように、同じ人格という言葉の中にもたくさんの相違がある。自分のことでも、今も青年時代もそう変わっていないような気ではいるけれども、人格において大きな相違がある。一度志を立ててやり遂げようと決心した以上は、たとえ誰が邪魔しても、引き退らぬという意気は、青年時代の人格である。しかし老人になれば周囲の事情や境遇に制約されて、何事も慎重に沈着にやるようになってくるものだ。これは老人の人格の特性である。

このように青年には青年の人格があり、老人には老人の人格があるのであるが、もし人格の重んずべき意味を取り違えて、青年でありながら老人のような態度をとるものがあるとすれば、それは非常に感心のできない青年である。また老人でも、とる年も顧みないで、むやみに蛮勇を誇ったり、あるいは自分は壮年時代に国家社会に尽くすべきを尽くしたから、老後の今日はもはや世捨人でよいというような考えをもつ者があるとすれば、それもやはり老人の人格を全うしたものとは言えない。

人相応に理解力もあり、記憶力もあり、言語といい、思慮といい、十分社会の人として立つに差し支えない以上は、たとえ老人とはいえ、この世の中を空しく生きているのは人たるの本分を忘れているものである。言論でも行動でも、老後といえども国家社会のために尽くそうと心がけるのが、老人の人格の完成であろうと思う。

座禅よりも――私が勧める最も簡単な人格修養法

人に賢愚のあることは別問題として、心の置き方、身の処し方については少年、青年、中年、老人によってそれぞれ差異がある。そしてまた時々刻々それが変わっていくのである。たとえば学生時代と、それから一転して官吏になり商売人になったときには、すでに違った身心の処し方がある。つまり時代によって違い、居所によって違ってくるから、人間の身心は一時も静止状態にあるときはないとも言える。こういう変転極まりない身心に対し、人格をどのように修養するのか、たいへん困難のように思われる。

ところが孔子は『中庸《ちゅうよう》』で、「君子は時に中《ちゅう》す」と説き、君子の行なうところはそのときどき事ごとに節度（適当なほどあい）でありたいものだという意味を述べている。

また同じ『中庸』の中に、「富貴に素《そ》しては富貴に行ない、貧賤に素しては貧賤に行ない、夷狄《いてき》に素しては夷狄に行ない、患難《かんなん》に素しては患難に行なう。君子入るとして自得せざるなきなり」とあって、君子は自分の置かれた位置でやることをやり、その地位境遇に動かされずに自得するものだと教えている。

すべて人は物事に接するに当たって、喜、怒、哀、楽、愛、悪、欲の七情が動くものであるが、それも怒にすぎたり、愛に溺れたり、欲を深くしたりしては、とかく七情の動きがバランスを欠きやすいが、この中庸の教えにそって行なえる人、七情の動き方に平静を保ち得る人が立派な人格を備えた人であると言える。いかに利をもって誘われても動かず、道理に従って勇往邁進する、いわゆる力にも屈せず、富貴にも溺れない人になって、はじめて立派な人格が完成したと言うことができるのである。

人格の修養などと言えば、大袈裟に聞こえるけれども、人格は人の行住坐臥《ぎょうじゅうざが》において、影が形にそうようなものだから、静座黙視して座禅を組むような方法を採るのは間違いであろう。日頃心をここに置き、修養の心がけを怠らないようにしていれば、ときどきに、事ごとに、自然の修養ができていくものである。ただし「万物静かに観れば皆自得」という古語もあるから、常に活動的生活にいる人は、ときに静座して沈思黙想することも必要かもしれない。

私はある場合には静座黙想が必要であるとは考えるが、人格の修養をするからと言って、ことさらに座禅的なことをする必要はないと思う。そんなわざとらしい振る舞いをしなくても、人生日々の生活でその守るべき道理に対し、どこまでもそれを踏み誤らないように心がけるならば、それが最も簡単な人格修養法である。

大石良雄が大高源吾に教えた人間修養の極意

人格の修養などは相当な時間をつくって、ことさらに取りかからなければならないように思っている人が多いが、それは見当違いである。

孔子の「富貴に素しては富貴に行ない、貧賤に素しては貧賤に行なう」というように、その場合場合に応じてそれ相応の修養はできるものである。

もし時間がなくてできないというなら、活動分野の広い人や激務に従事している者は、終生人格の修養をすることができない理屈だが、事実は決してそうではない。それが証拠には、多忙な人ほど人格も高く、大きな仕事をしているものである。

それについて面白い話がある。風流韻事のようなものでもそうであると思う。元禄の昔、大高源吾が大石良雄に俳諧の稽古を勧められた。ところが大高は忠義一徹の気短な武士であったから、大石の勧めでも容易にそれに応じなかった。大石は源吾の頑固一徹を少しでも和らげてやりたいと思っていたから、しきりに勧めて俳句をつくらせた。

「鶯を聞く耳を別にして武士《もののふ》哉」が源吾の最初の発句であった。大石はこの句を評して「いかにも志は面白いが、風流と平生とを別物にしてしまったのはよくない。風流と忠義とは並び行なうことができるものである」と諭《さと》し、「武夫《もののふ》の鶯聞いて立ちにけり」と修正して、それがはじめて俳句になったが、以来源吾は大いに感じるところがあったと見え、「飛び込んで手にも止らぬ霰《あられ》かな」などという名吟を残すほどになった。同時に武士としても誠忠を全うして、後世の鑑となったことは世人の知るとおりである。人格修養もやはりそれと同じで、一方に日常の仕事をやりながら、一方に修養もできるのである。

一つ助言しておきたいことは、人格修養の手本とすべき書物についてである。私はそれに関する唯一の経典として『論語』を推したい。『論語』は老若男女、貴賤貧富の別なく、誰にもよく適切に教えを説いているから、人格修養の資料としては、おそらくこの上もないものであろうと信じる。私の過去の生涯のすべては『論語』によって導かれてきた。『論語』は人格修養の手本となるだけではなく、人間行為の完全な手本であるから、この書によって人格の修養をすると同時に、人間として踏むべき道をも知ってもらいたい。

2　人間としての「品格」を高める

「眼高くして手の低いもの」ほど始末の悪いものはない

若者ははじめて社会に出て実際の仕事についてまだ間もないのに、「自分は力があるのに、それなりの地位を与えない」とか、「自分にはつまらない仕事ばかりさせる」とか不平を鳴らし、自分の処遇に対して大きな不満を抱くようである。不思議なことには、こういう不満が必ず十人中九人までの共通性であるように見受けられる。

青年は皆一様に気位高く、自分を偉いと思っているが、実際の仕事でそれだけ働くことができるのかと言うと、事実はまったくそれとは反対である。彼らに仕事をやらせてみると、自分に担当させられたいわゆる「平凡な仕事」「つまらない仕事」でさえも、完全に処理することができない者ばかりである。

これは世に言う「眼高くして手の低いもの」で、その不平を仔細に分析してみると、自分の仕事を処理できないということを自白しているようなものである。これは現代青年に共通する欠点であろうと思う。

「学は天人を貫き、才は文武を兼ねる」という抱負をもちながら、不遇の中に終生を送る者もないとは限らないけれども、それは昔のことで、今の世にはほとんどありえない。

なぜかと言うと社会が発達するにつれて、人材の必要性はますます高くなっていくから、人物でありさえすれば必ず需要がある。もしまた社会から見出されなくても、各人がその境遇に応じて全力を傾注し、一歩一歩と向上前進していけば、信用はおのずからその人の身辺に集中して、自分から求めなくても立身出世ができるのである。

立身出世は、自力でつかむものではなく自分の仕事を忠実に守ってさえいけば、ほかから立身出世という月桂冠を戴かせてくれるものであるということを忘れてはならない。

大局を楽観する力がつく「しんぼう」の哲学

人が社会に立つに当たり不平を抱けば、どんなことにも必ず不平は生じてくるものである。不平というものは人の心を怠惰にさせ、怨みごと、愚痴に溺れさせてしまう。これから世に立とうとする青年にとっては、最も警戒しなくてはならないことである。何事によらず、世の中のことが自分の意のままになることは少ないものだから、そこに一つの「諦め」をもち、ある程度まで不平なことに耐えていかなくてはならない。

この耐えることもたび重なればそれが習慣ともなって、つまらないことに不平など起こさないようになり、何事も大局を見て楽観することができるようになるものだから、ふだんからこの心の修養が必要である。

逆境とは逆の、順境にある青年の心がけはどのようにすべきかというと、これまた逆境に対するのと同様大いに注意しなければならない。社会に立って順境にあるもの、得意なときの通弊として、往々調子に乗る傾向があり、この世の万事はすべて意のままになると思ったり、そしてこの時代はいつもあるもの、いつまでも続くものと考えたりする。したがってその心に油断とか安逸が生まれるから、間隙に乗じてくる外からの誘惑は、たちまちそこにつけ込み、ついに一身を誤るということになるのである。

「名を成すは、常に窮苦の日にあり、事を敗るは多く得意のときにある」という句はきわめて簡単であるけれども、よくこの真理を伝えたものだと思う。

前途に大きな希望を抱く青年は、心を引き締め逆境に立つとも動ぜず、順境に恵まれても驕らず、「貧にしてへつらわず、富んで礼を好む」（『論語』学而）という古賢の言葉を実地に行なうよう心がけることが大切であろう。

とにかく人格を磨け！　しかし、〝質素〟が最上の策と思うなかれ

今の青年にとって切実に必要を感じるものは、人格の修養である。

維新以前までは、社会に道徳的教育が比較的なされていたが、西洋文化の輸入につれて思想界も大きな変革をきたし、道徳は混沌となった。儒教はもう古いとして退けられ、現代の青年にはこれが十分咀嚼《そしやく》されていない。と言ってキリスト教が一般の道徳律になっているわけではないし、新道徳が別に成立したものでもないから、思想界はまったく動揺期で、国民はいずれについたらよいか、ほとんど判断にさえ苦しんでいるくらいである。したがって青年一般の人格の修養がなおざりになっている。これは実に憂うべき傾向である。

世界の強国がいずれも宗教を信仰し道徳律が樹立されているのに比べ、わが国だけがこのありさまでは、はなはだ恥ずかしい。社会の風潮は、人は利己主義に走り、利のためには何でもやる傾向があり、今では国家を富強にしようとするよりも、自分を富裕にしようとするほうが主流となっている。

財産をもつことはもとより大切なことで、なにも好んで質素な生活を最上の策とすることはない。孔子が「賢なるかな回や」（『論語』雍也）と顔淵（顔回）が清貧に安んじているのを褒めた言葉は、要するに「不義にして富み、かつ貴きはわれにおいて浮雲《とうと》のごとし」（同・述而）という言葉の裏面を言ったまでで、富は必ずしも悪いとおとしめたものではない。しかし、ただ自分さえ富めばよいとして、国家社会を眼中に置かないということは嘆かわしい極みである。

話は富の講釈に飛んでしまったが、社会人の心の傾向がそういうふうになったのは、社会一般の人々の人格の修養が欠けているからである。国民の基準とすべき道徳律が確立しており、人がこれを守って社会に立てば、人格はおのずと養成されるから、社会は皆我利を図るというようなことはなくなる。

だから私は青年に向かってひたすら人格を修養することを勧める。青年たるものは真摯にして率直、しかも精気を内に溢れさせ、活力を外にみなぎらせ、力にも屈しない人格を養成し、いつの日か自分を富裕にするとともに、国家の富強をも図るよう努めねばならない。信仰の一定しない社会に生きる青年は、危険が大きいだけに自重してやらねばならないのである。

私が実践し結果を出した「人格修養」の秘訣

人格の修養をする方法、工夫はいろいろあろう。仏教に信仰を求めるのもいいだろう。あるいはキリスト教に信念を得るのも一つの方法であろうが、私は青年時代から儒道に志し、孔孟の教えは私の一生を貫いての手本で、やはり忠信孝弟の道を重んじることが、大きな権威ある人格養成法だと信じている。

忠信孝弟の道を重んじるということはまったく「仁」（思いやり）の基本で、生きるうえで一日も欠くことのできない要素である。忠信孝弟の道に、さらに進んで知能啓発の工夫をしなければならない。知能の啓発が不十分であると、忠信孝弟の道を円満に成就することはできない。

知能が完全な発達を遂げていればこそ、物に応じ、事に接して是非の判別ができ利用活用の道も立つのだ。そして、ここにはじめて根本的な道義観念と一致し、処世上なんらの誤りも仕損じもなく、成功の人として全うすることができる。

人生の目的である成功に対して、多種多様に論ずる人がいる。目的を達するためには手段を選ばないなどと、成功の意味を誤解し、何をしても財産を貯《たくわ》え地位を得られさえすれば、それが成功であると心得ている者もあるが、私はそういう説には絶対に賛成できない。

高尚な人格を養い正義正道を行ない、それで得た富、地位でなければ、完全な成功とは言えないのである。

社会の風波の及ばない学校生活をしていた青年がはじめて社会に立ったとき、学窓時代の理想と相反する多くの出来事に遭遇するはずである。しかし、そんなときこそ、はるかな前途をもつ若者はただ眼の前の些事に気をとられず、心を大局に置き、不満を与え不平を抱かせた事実もやがては皆自分自身のためになると考え、みだりに挫けず、慢心せず、中庸を守って青年の本領を全うしてもらいたい。

3　チャンスは自分の中に「磁石」をもつ人のもとに集まる

この世でいちばん気の毒な人間

人の能力のあるなしは一概に推測できないもので、ことに青年時代は変化に富んだ前途をもっているから、その性行から後年を予想することは難しい。青年時代に見込みある人物と見られた者が失敗の生涯を送ったり、あるいは青年時代はもてあまし者であったりしたのが、出世をするというような例がいくらもある。

しかし統計的に見れば、やはり青年時代の見込みある者、役に立つ者は、中年以後になっても同じように役に立っている。

ならば、どういう青年がはたして役に立つ人物であろうか。

私は数多くの事業に関係し、多くの青年を使ってみた。彼らの中にはよく「仕事らしい仕事を与えてくれないからつまらない」とか、「用事がなくて身体をもてあます」とか言う者がいる。これはおそらく不用意に発する言葉であろうが、現代青年に共通する不平の声で、私もこれまで何回となく聞いた。しかし、もしこの言葉が彼らの心から出たものであるとすれば、私は合点のいかない不平であると思う。こんなことを口にして不平を訴える青年がいるならば、その青年こそまことに気の毒な人物で、いわば人に向かって自分の無能を吹聴しているのと同じで、男子として恥辱の限りではあるまいか。

「用事がなくて困る」と文句を言う青年について調べてみると、仕事らしい仕事をさせてくれないのは、人が与えてくれないというよりも、むしろ自分に仕事を引きつける能力がないからである。役に立つ青年はちょうど磁石のようなもので、人に頼んで仕事を与えてもらわなくても、自分に仕事を引きつけるだけの力をもっている。古人の句に「桃李《とうり》ものを言わざるも下おのずから蹊《みち》を成す」というように、実力さえあれば沈黙していても仕事は忙しくてたまらないほど寄ってくるものだ。仕事がなくて困ると不平を並べるような者は、自ら仕事を引きつけるだけの能力がなく、自分の無能を他人に告白しているのと同じと言わねばならない。

「重要な仕事」を次々と任せられる人間

多くの人を使用している経営者、多くの人の上に立っている上司の身になって考えてみると、社員や部下になるべく多くの仕事をしてもらいたいという希望をもちこそすれ、できるだけ遊んでもらいたいなどと思っている者は、一人もいるはずがない。考えてもみなさい、月給や手当てを与えたうえに、仕事もさせず、無駄飯を食わせておこうというような、物好きな経営者や上司がどこにいよう。一分でも多く働き、一つでも余分に仕事をこなす社員こそ誰もが希望し、大事にするはずである。

事実はそんなところであるのに、青年に仕事がないと言うならば、その青年は仕事を与えられないのではなく、自ら仕事することを欲しないのか、多くの仕事を与えられるだけの実力をもっていないかの二つに一つであろう。そうでなければ仕事らしい仕事がなくて困ると嘆いたり、不平を言ったりするはずがない。

もし青年がどんな仕事に対しても勤勉に忠実に、誠心誠意取り組み、その仕事の量の多さを喜ぶようであれば、仕事は求めなくても自然とその青年のもとに集まってくるのである。その仕事の中には彼らが嘆くような仕事らしい仕事でない、つまらない仕事と思うようなものもあるであろう。しかしどんなことに対しても、それをつまらない仕事だと考えるのは大きな誤りで、経営者の側から見れば、大なり小なり仕事の価値は皆同じで、仕事につまらないものは一つもないのである。

たとえ小さい仕事でも事業そのものから見ればいずれも重要なことばかりで、その中の一つを欠いても事業は完成しない。だからつまらないと思える仕事でも、これを一所懸命に喜んでやる者だけに、重要な仕事は与えられるのである。

三人五人寄ってたかって仕事をしても、最も重要な仕事は、最も実力ある者の手に託されるのである。

4 「大常識人」だけがもつ人間的強さ、奥行きの深さ

“非常識な豪傑”は本物の傑物にはなれない

常識が人間の性格に欠くべからざる要素であること、また処世上必要であることは今さら言うまでもない。今日のように社会が発達して、何事も一定の秩序で進む世の中では、ことに常識の発達した人が必要になってきた。実際に仕事をするうえで、その人に十分な学識があっても、常識に欠けるところがあれば、その学識は役に立たない。

しかし常識の欠けた人が、まれに豪傑となり、非凡人となって頭角を現わしたりしないでもないが、それらの人を公平に判断すれば、それは性格において偏った人と言われる。そんな人が時勢に適合し風雲に乗って起つとき、意外な大事業を成し遂げたりするが、そうでない場合には、国家社会でも家庭でも厄介者になる恐れがあろう。

自ら率先して国家を統《す》べ社会をリードする地位に立てれば、自分の思いどおりに事を行なえるから、非常識がかえって偉大な事業を成し遂げないとも限らないが、もし周囲が秩序正しく一糸の乱れも許さないようなところでは、その拘束の中で悶々として生涯を送らねばならない。それらの例は昔のいわゆる英雄豪傑にたくさんある。もっとも、性格が偏っているから事業ができないと言ってそれらの人の存在を嫌うものではないが、今日のような秩序ある社会では、一般人すべてが調和し平等に発達することを希望するので、常識的人物が必要なのである。

常識とは？

社会で生きていく以上、常識はどんな地位にいても必要で、またどんな場合にも欠けてはならない。では常識とはいかなるものであろうか。私は次のように解釈する。

事に当たって奇をてらわず、頑固に陥らず、是非善悪を見分け、利害得失を識別し、言語挙動すべて中庸にかなう者がそれである。これを学問的に解釈すれば「知」「情」「意」の三つが均衡を保ち平等に発達したものが完全な常識だろうと考える。さらに換言すればふつう一般の人情に通じ、よく通俗の事情を理解し、適正な対応ができる能力がそれである。

人間の心を解剖して「知」「情」「意」の三つに分けるのは心理学者の説くところであるが、誰もこの三者の調和を不必要と見なす者はいまい。「知恵」と「情愛」と「意志」との三つがあってこそ人間社会の活動もできるものである。この常識の根本原則たる「知」「情」「意」の三つについて、もう少し詳しく述べてみよう。

「知」——自分の能力を最大限に発揮する判断力・識別力

「知」は人にとってどんな働きをするものであろうか。知恵が十分に発達していなければ物を識別する能力に欠ける。この物の是非善悪の識別ができない人や、利害得失の判断に欠けた人は、その人にどれほど学識があっても、善いことを善いと認め、利あることを利ありと見分けられないから、そういう人の学問は宝の持ち腐れに終わってしまう。

ところが、宋の大学者朱子はひどくこの「知」を嫌った。それは、「知」の欠点として、ややもすれば策略を好み嘘偽りを生ずる場合がある。また功利を主とすれば知恵の働きが多くなり、仁義道徳が手薄になるという理由でこれを嫌った。そのため、せっかく多方面に活用できる学問が死物になり、ただ自分一人だけが悪事をしなければよいということになってしまった。これはたいへんな誤りで、仮に一身だけ悪事がなければよいと、何もしない人ばかりになったらどうであろうか。そういう人は社会になんの貢献もできず、それでは人生の目的がどこにあるかを知るのに苦しまなければならない。

悪行があってはもちろんいけないが、もし「知」の働きに強い制約を加えたらその結果はどうであろう。悪事は働かなくなるが、人心がしだいに消極的になり、よいことのためにも活動する者が少なくなってしまわなければよいがと、心配である。朱子は「虚霊不昧《きょれいふまい》」とか、「寂然不動《せきぜんふどう》」とかいうような説を主張して仁義忠孝を説き、「知」は詐術に走るものであると言って絶対にこれを嫌った。そのために孔孟の教え、儒教の大精神が世人に誤解されるようになった点が少なくないと思う。「知」は人心にとって欠くべからざる大切な要素である。「知」は決して軽視してはいけない。

「情」——人間性を深め、すべてを円満に解決する潤滑剤

「知」の大切さは前述のとおりであるが、知ばかりで活動ができるかと言うと決してそうではない。そこに「情」という要素を巧みに加味しなければ、知の能力を十分に発揮させることはできないのである。

例をあげれば、知ばかり勝って情愛の薄い人間はどんなものであろうか。自分の利益のためには他人を突き飛ばしても蹴倒してもいっこうにかまわない。もともと知恵が十分に働く人は、何事に対しても一見してその原因結果を見てとることができ、事物の見通しがつくのであるが、こういう人にもし情愛がなかったらたまったものでない。その見通した終局までの道筋を悪用し、自分本位にどこまでもやり通す。この場合、他人の迷惑や難儀などなんとも思わないほど極端になってしまう。この不均衡を調和していくものが、すなわち「情」である。

「情」は一つの潤滑剤で、何事もこの一味の調合によって平均を保ち、円満な解決をさせるものである。仮に人間界から「情」の要素を除去したらどうであろうか。何もかも極端から極端に走り、ついにはどうにもならない結果となろう。

人間にとって「情」は欠くべからざる一大機能である。しかし、「情」の欠点は最も移り変わりの早いものであるから、悪くすると変化しやすい。人の喜、怒、哀、楽、愛、悪、欲の七情によって生まれる事柄は変化の強いもので、心のどこかでこれを制御するものがなければ、感情に走りすぎるという弊害が起きる。

ここではじめて「意志」というものの必要が生まれてくるのである。

「意」――鋼の意志と、「知」と「情」を調和させる司令塔

動きやすい「情」を制御するものは強固な意志よりほかにはない。

「意」は精神作用の中心である。強固な意志があれば、人生で強者となれる。けれどもいたずらに意志ばかり強くて、これに他の「情」も「知」も伴わなければ、ただの頑固者とか強情者となり、自信ばかり強くて自分の主張が間違っていてもそれを訂正しようとせず、どこまでも我を押し通すようになる。

こういう人もある意味から言えば尊重すべき点がないでもないが、そのままでは一般社会に生きていく資格に欠けている。いわば精神的に欠陥があって完全な人間とは言えない。意志の強固なうえに聡明な知恵を加え、これを情愛で調節し、この三つを適度に調合したものを大きく発達させて、はじめて完全な常識となるのである。

現代人はよく口癖のように意志を強くもてと言うが、意志ばかり強くてもやはり困りもので、俗に言う「猪武者《いのししむしゃ》」のような者になってしまう。「知」と「情」とに対し、均衡を保っていけるだけの意志が、最も必要な意志である。

「小さな常識人」から「大きな常識人」へどう成長するか

ところで常識には、大と小とがある。知情意の三つが十分な調和を保って、円満に最大限に発達したものが「大なる常識」で、これには及ばないがこの三つがそれなりに発達しているものが「小なる常識」である。そして大なる常識を養った者は聖人の域に達し、たとえ小なる常識でもこれを修養した者は完全人と見なすことができる。

かつて井上哲次郎博士が、孔子は常識が完全に発達した人で、知情意の三つがバランスよく発達しているということを詳細に説明されたことがあるが、私はこの説がわが意を得たものとして今も記憶に新たである。

要するに、常識に対しては知情意の三つが必須条件である。事物に接触してこれを識別理解する知能と、人と応対するに当たっての厚い情愛と、どんな障害に遭遇しても志堅くこれを貫き通す意志と、この三つが完全に揃ってこそ常識的人物と言えるのだ。現代社会に必要なこの常識の修養をしようとする者は、知情意の三つに留意し、これが偏らないよう心がけることが大切である。そうすれば、心がけいかんによっては「大なる常識」を養い得るであろうし、そうでなくても「小なる常識」は必ず修められて、役に立つ人として社会に出ることができよう。

歴史の記録などで見る英雄豪傑には、とかくこの三つの均衡が保たれていない者が多いようである。意志が非常に強かったけれども知識が足りなかったとか、意志と知恵は揃っていたが、情愛に乏しかったとかいう例がいくらもあった。これでは、いかに英雄豪傑でも常識の人とは言えない。なるほど、一面から見れば非常に偉い点があり、超人的なところがあり、一般人の遠く及ばないものがあるが、偉い人と完成された人とは大いに違う。偉い人は人間の備えるべき性格にたとえ欠陥があっても、その欠陥を補って余りあるだけ超越した物をもつ人だが、完全なものに比べれば、いわば変則変態である。

それに反して、完成された人は知情意の三つが円満に備わった者、すなわち常識の人である。私はもちろん偉い人の出現を希望するけれども、社会の多数人に対する希望としては、完全な人、つまり常識の人が世にたくさん現われることを望む。

青年期ほど思想が一定せず、奇を好んで突飛な行動に出ようとする時代はない。年を経るに従い、しだいに着実になっていくものだが、青年時代には多くの人の心は浮動している。ところが常識というものはその性質がきわめて平凡なものであるから、風変わりを好み突飛を好む青年時代にこの平凡な常識を修養せよというのは、彼らの精神にそぐわないところがあるであろう。偉い人になれと言われれば進んでこれに賛成するが、完成された人になれと言われると、その多くはこれを苦痛に感じるのが彼らの共通性である。しかし政治が理想的に行なわれるためにも国民の常識が必要で、産業の発達進歩も実業家の常識に負うところが多いとすれば、いやでも常識の修養に熱中しなければならないではないか。

5 人生を変える「よい習慣」をつくる私流の生活哲学

習慣には〝第二の天性〟以上の力がある

私たちの日常生活で習慣は最も大切なものの一つである。古人の「習慣は第二の天性である」は名言であるが、習慣にはそれ以上の力がある。

日常生活において注意を怠らず、皆でよい習慣を身につけることに努め、悪い習慣はできるかぎり改めるように心がけたい。しかし、習慣として一つのことが定着するまでには相当の日数を費やすもので、一日でできてしまうわけのものではない。

ダーウィンの進化論によれば、ヒラメの目が片側にだけつくのは、しだいに形が変わっていったもので、またクジラの手足がヒレとなったのも必要に迫られての変化であるという。これらは直ちに習慣とは言いがたいが、身近な例をあげれば、日本人のように座る習慣の国民は、身長が伸びないと言う。なぜかと言うと、いつも座るために脚部の発育が十分でないからだということである。

これらから考えても習慣がどんな結果を生むものであるかということがわかり、習慣をいい加減に考えてはいけないことが明らかになるであろう。

個性も迫力も、習慣からつくられる

習慣とは、人のふだんの行動が重なり重なって一つの固有性となるものであるから、それが心にも働きにも影響を及ぼし、悪い習慣を多くもつ人は悪人となり、よい習慣を多く身につけている人は善人となるといったように、その人の人格にも関係してくるものである。だから誰でも日常生活で気をつけてよい習慣を養うことは、人として生きていくうえで大切なことであろう。

また習慣はただ一人だけにとどまらず、他人に感染するもので、ややもすれば人は他人の習慣を真似したがるものである。この広まろうとする力は、よい習慣ばかりでなく、悪い習慣も同じであるから大いに警戒が必要である。

言語動作は、Ａの習慣がＢに伝わり、Ｂの習慣がＣに伝わるような例は珍しくない。いちじるしい例をあげれば、最近新聞紙上にときどき新文字が見える。一日Ａ新聞にその文字が掲載されたかと思うと、それがすぐＢ、Ｃ、Ｄ新聞に転載され、しまいには社会一般の言語として誰も怪しまないようになる。

このことから推測すると、一人の習慣が終わりには天下の習慣となりかねない勢いであるから、習慣に対しては深い注意を払うとともに自重してもらわなければならない。

青年時代、悪習慣に悩んだ私の克己法

ことに、習慣は少年時代が大切であろう。記憶のほうから言っても、少年時代の若い頭に記憶したことは、老後になっても多く頭の中に明確に残っている。

私でも、いつのことをよく記憶しているかと言えば、やはり少年時代のことで、経書でも歴史でも、少年のときに読んだことを最もよく覚えている。最近では、いくら読んでも読む先から忘れてしまう。そんなわけで習慣も少年時代が最も大切で、一度習慣となった

らそれは固有性となって終生変わることがない。それだけでなく、幼少の頃から青年期にかけては、非常に習慣のつきやすい時期である。それゆえこの時期を外さずよい習慣をつけ、それを定着させるようにしたい。

私は青年時代に家出して放浪し、比較的気ままな生活をしたことが習慣となって、後年まで悪習慣が直らなくて困ったが、日々悪い習慣を直したいという一念から、大部分はこれを矯正することができたつもりである。悪いと知りつつ改められないのは、結局は克己心が足りないのである。私の経験によれば、習慣は老人になってもやはり重んじなければならないと考える。それは青年時代の悪習慣も、老後の今日に至って努力すれば改められるものであるから、今日のように日に新たなる世にあっては、なおさらの心をもって自重していかねばならない。

とかく習慣は不用意の間にでき上がるものであるから、大事に際してはそれを改めることができるのである。たとえば朝寝をする習慣の人が、いつもはどうしても早起きができないけれども、戦争とか火事とかという場合には、いかに寝坊でも早起きができるということから見てもそう思える。なぜそうなるかというと習慣は些細なこととして軽蔑しやすいもので、日常それがわがままに伴っているからである。

こうしたように習慣を馬鹿にしてかかるので、そのため最後に一身を誤らないとも限らない。それもその人一人ならまだしも、ひいては家庭や社会にまで害悪を及ぼすことになるから大いに困る。老若男女を問わず、心に留めてよい習慣を養うようにすれば、大にしては国家社会のためとなり、小にしては家庭の平和円満をもたらす原因ともなる。

第四章

《人間関係》

人生を大きくしてくれる友をもて

1 「益友」を一生身近にもつための知恵

水清ければ魚棲《す》まず——友の少なさを気にするな

益友を近づけ損友を遠ざけるということも、やはり『論語』によったものである。人間は大別して善悪の二つがあり、善人と悪人とそのどちらにつくべきかは誰でも知っている。けれども人間はとかく弱点につけ込まれやすいもので、物の善悪を知り抜いている人でも、どういうものか善事よりも悪事のほうへ早く染まってしまう。

同じ友人でも、善人の友人を得ることは難しいけれども、悪人の友人は早く得られる。また善人を友人にするよりも悪人を友人にするほうが面白い。善人の友人はなんでも常識的に、道徳的にやっていくから変化もなければ興味も少ない。それに反して悪友は、道理も常識もなく、ただ一時の興味を考えてなんでもやってのけるから、このほうがとにかく面白い。

たとえば、自分が酒を飲んで遊びたいと考えているときに、善友ならそれよりも読書したほうがよいと勧めるから、自分のわがままの意志に反するので面白くなくなるけれども、悪友なら、酒でも飲むと言えば直ちにこれに賛成するばかりか、さらに輪をかけてよくないことを勧めるから、そのときだけは確かに面白く遊べる。それゆえ善悪の区別を知っている人でも、どちらかと言えば善友は遠ざけて、悪友に近づくことが多い。

「水清ければ魚棲《す》まず」で、善人には友人が少ないけれども、よからぬ人にはやくざの友人がたくさんできるというのもこの理屈である。

「耳が痛いこと」をズケズケ言ってくれる人は特に大事にせよ

友と交わるうえで結局の利益はどちらにあるかと言えば、言うまでもなく善友を友とすることに決まっている。善友を友とすれば益するところがあるけれども、悪友を友とすれば損するばかりであるから、昔から益友と損友というようにこれを区別して、友を選ぶ際には益友に近づき、損友は遠ざけるようにせねばならないと教えている。

孔子は『論語』でこの益友損友のことを説いて、「益者三友、損者三友。直《なお》きを友とし、諒《まこと》を友とし、多聞《たもん》を友とすれば益す。便辟《べんぺき》を友とし、善柔《ぜんじゅう》を友とし、便佞《べんねい》を友とすれば損す」と言っている（季氏《りし》）。

正直な人、誠実な人、広く事物に通暁した人を友とすれば、自分に益があるが、人に取り入るのが巧みな人、お追従《ついしょう》者、口の上手な人と交われば益がないだけでなく、かえって害になるという意味である。友を選ぶうえで、必ず心得ておかねばならない教訓である。

自分にへつらうような人を友としても、なんの役にも立たないことは誰も知ってはいるが、人はその短所を他人から指摘されるよりも、たとえ短所があってもそれを忠告せず、長所ばかりをお世辞交じりに褒められたほうが気持ちがよいものである。だから、人からへつらわれるのはよくないと知りつつも、知らず知らずへつらいを受けるようになるから、常にこの点についてその区別を明確に考えておかねばならない。

友人としては自分に会うたびに忠告するくらいの者でなければ信頼すべきでない。忠告は誰でも嫌なものであるから、正直な信実な友人でなければあえて言ってくれるものではない。だから忠告をしてくれる友人が真に自分を知ってくれる人、自分のためを思ってくれる人であるから、そういう人を選んで交われば、必ず間違いはないのである。

それは本当に「必要な友」ではない

ここで注意すべきは、尊敬されるということと、へつらわれるということを、ややもすれば混同してしまう場合があるということである。

自分が交わっているたくさんの友人の中には、その友人より自分のほうがある面で優れている場合があろう。そういうときには必ずその友人は一歩譲って自分を尊敬し、兄弟でも兄より弟のほうが下にいるように、何事によらず謙遜の意を表わすに違いない。たとえば公の席なら上席を譲るとか、大小のものを分ける場合には小さなほうを自分が取るとかというふうにするのであろうが、これはへつらいとはまったく違うもので、年長者に対する謙譲の美徳と同じものである。

それを、友人だから「かまうものか」と、自分よりも優れた者に対しても譲らず少しも敬意などを払わないのは、それは頼もしい友人ではない。敬うべきは敬い、譲るべきは譲るということを心得ていないような人は、損友として遠ざけたほうが賢明であろう。これらの意味を十分に考え、へつらいとそうでないものとを区別して友と交わらなければならない。

孔子は、「己れに如《し》かざる者を友とするなかれ」と言っているが（『論語』学而）、これはあまりに意味が広すぎると思う。なぜならば、誰も彼もが自分より優れた人を友にしようと願って、自分より能力がないと思っている者と交わらなかったら、この世の中では友は一人もなくなるであろう。だから私はその意味の範囲を狭くし、「己れにへつらう者を友とするなかれ」と述べたわけである。もっとも、孔子の「己れに如かざる者」という意味も、それほど極端なことを言ったのではあるまい。自分より劣る者に対しては、自分の先生のように信頼しないほうがよいというくらいの意味で言ったことであろうと思う。

2　人への敬意に、将来の〝交流の広さ・自分の大きさ〟が表われる

ビジネスマンは「敬」の一字には特に気をつけよ

私は持論として、人に対するには敬意敬礼を忘れてはならないと説きもし、また実際、自らこの心をもって人に接してもいる。

しかし、敬意敬礼ということはきわめて簡単なようではあるが、実地に当たってみるとなかなか面倒なもので、その度合いのいかんによっては、せっかくの敬意もかえって相手に悪く思わせるようなこともある。

どんな場合がそうであるかと言うと、敬意敬礼がその場に不相応にすぎれば卑屈となり、また堅苦しい人であるというように見られる。それと反対の場合には、心には十分敬意敬礼を失わないつもりでも、表面に表われた表情から誤解されて、高慢となり、生意気となり、無遠慮な人間であると思わせる。親しさの度合いによっては、悪くすると虚礼に走り、真情に遠ざかるというように、敬の字はその取り方によって非常に難しくなるのである。だから人に接する際には念には念を入れ、注意に注意を重ねて、人に誤解されないよう、真情のあるところを認めさせるように心がけなくてはならない。

社会における多くの人の交際で、心やすく、敬意が欠けていまいかと疑われるほど乱れて、互いに名前を呼ぶにも井上、渋沢というように呼び捨てにし、応答の礼儀も表面から見れば、あれでも互いに敬意というものを心得ているのかと思わせるようなことがある。しかしそんな場合でも、心の底に敬意をもつともたないとでは、どことなく違って見えるもので、このようなときには、かえってお互いの情の深いことがしのばれる。だから事実は殺風景な応答でも、なんとなくその中に温かみがあって、美しく見えるものである。

敬意敬礼ということは、必ずしもこれを形に表わさなくても、胸中にあふれるばかりの情さえあれば、言語や動作の馬鹿丁寧なことは不必要である。しかし、それも気持ちが先方へ通じる程度にやるべきことで、初対面の人とかまだ互いによく知り合わない間柄などではやはりふつうの形式をとることは必要である。

反対に、敬意のないものが形ばかり相手を敬うような態度をしても、それはかえっておかしなものになってしまう。その態度になんとなくわざとらしい浅薄なところが見えるから、自分では先方を敬っていると思わせようとしても、その軽薄なところをたちまち見破られるということになる。

とにかく信実なる心をもって敬の意をおろそかにしないならば、応対の調子が多少粗野でも、礼法に足りないところがあっても、相手に悪感情を抱かせることはない。だから形式は二の次として、心に深く敬の一字を刻んでおくことが何より大事なことであると思う。

“無礼講”での失敗は命取りになる

次に大切なことは、相手によって敬意敬礼の使い分けをしてはならないということである。

自分より身分の高い人とか、年長者とかに対しては誰でも自然に敬意敬礼を表わすものであるが、ともすれば自分より目下の者とか、若輩とかには敬意敬礼を欠きやすいものだ。これは大きな間違いである。人に地位の上下、貧富の差別、年齢の長少はあるけれども、ともに平等な人間という広い意義から見れば、その間に差異はない。だから相手によって礼儀を使い分けせず、どんな人に対しても心に敬の一字は忘れずに応対してもらいたいのである。

一つ注意しておきたいことは、遊びのときでも必ず敬礼を失うことがあってはならないことである。誰でも初対面や儀式のときなどには、特別にその心がけをしなくても敬を失うようなことはめったにないが、親しくなって、互いに心に隔てを置かない宴席や遊びの場合などには、まったく敬意を忘れて乱に陥ることがままある。そういう場合は誰も心を緩めているから、つまらないことから間違いが起こりやすいため、宴会や遊びの際にはことさらこの点に注意しなくてはならない。

人は慣れれば慣れるほど心を固くもつということが最も大切なことである。

3 〟小手先だけの交際術〟より何倍も人生が広がる法

人間関係をまるくする〟漆喰《しっくい》型交際術〟

世間ではよく「あの人は交際が上手だから世渡りがうまい」とか、「あの人は交際が下手だから人によく思われない」とか言って、交際の上手、下手を批評する言葉を耳にする。

この交際が上手とか下手とかいうのは、いったい何を基準として決めるのであろうか。

私にはどうもその基準がわからない。思うに、ふつう世間で交際上手と見られるのは、他人と交わる場合に相手を心地よく思わせるもので、また交際下手とはまったくその反対に、なんとなく打ち解けない態度に出て、人に不愉快の思いを抱かせるような人を指していうのであろう。そうであるとすれば、外に表われる交際には、いくらか上手、下手というものがあるように思われる。

世間から交際上手と見られる人々の交際ぶりを見ると、巧妙に話題をもちかけ、どんな沈黙家でも、自然に口を開かねばいられないようにさせるとか、あるいは相手が変わればそれ相応の態度応接をし、相手の性格により、またはその場合を見て真面目な話をしたり、くだけた話をしたりして、その座にいる者を楽しませ、少しも不快を感じさせないといったふうなやり方である。

こういうやり方も、交際のうえには必要であろう。自分の意志を表わすにも、穏かに静かに、そして円滑にこれを言うのと、激しく突飛に、そしてぶしつけにこれを言うのとでは、相手の感情にどういう違いを起こさせるであろうか。石垣ががっちり積み重なっているのは、漆喰《しっくい》の接着があってこそ優美にも堅牢にもなるのではないか。

意志はちょうど石塊のようなもので、漆喰のような交際法があってはじめて完全にこれをつなぐことができる。上手に人と交わるということは、交際下手の人よりは大いに勝るところがあると言えるであろう。

百の交際術、千の社交法に勝る〝至誠〟

形だけでも交際上手が役立つというものの、私はまだこのような外形的交際法で満足するものではない。それがいかにとどこおりなく人を楽しませても、要するに、それは一つの「法」とか「術」とか称する外形的なものにすぎない。交際上、中心となるべき精神のほうがおろそかにされているから、このような手段方法で行なわれる交際に対して、私は決して満足できないのである。

私がいつも考えている交際の精神は、事に当たっては切実に考えること、人に対してはいささかも誠意を欠いてはならないという点にある。すなわち心を込めて、相手の貴賤上下にかかわらず、どんな人に対しても誠実に交わり、一言一句、一挙一動すべて自分の心から出るというのがまことの交際であろうと考える。世に至誠ほど根底の深い力のあるものはない。この至誠を表わし、いつわらず飾らず自分の真情を示して人に対するならば、なんでことさら法や術を用いる必要があろう。いかに無口な交際下手な人でも、至誠で交われば、心は必ず相手に通じるのである。

巧妙にしゃべっても、心に至誠を欠いていたら、相手に軽薄と感じさせるだけである。だから私は交際の秘訣はただ一つ、至誠に帰着するものであると言いたい。

もし人に対したとき、いつわらず、飾らない自分の真情を示し、対座の瞬間において心を打ち込んでしまうことができるならば、それは百の交際術、千の社交法を用いたよりも、はるか優れた交際の結果を収めることができる。

司馬温公《しばおん》が交際について、「妄語《もうご》せざるより始まる」と説いている（『小学』外篇・善行）のが、最も要を得たものだと思う。簡単な言葉ではあるが、その中に真実が溢れている。誰でも人に接するに当たり、嘘をつかず、すべて至誠を表現すれば間違いがあるはずはない。

孔子はどんな交際を理想としたか

孔子の交際に関する見解が『論語』にある。かつてその弟子顔回（顔淵）、子路の二人が孔子のかたわらで、互いにその意見を述べ合ったことがあるが、三人の考えが三様になっていて、それぞれの人物をうかがい知ることができて面白い。

子路はまず、「願わくは車馬衣裘《いきゅう》、朋友とともにこれを敝《やぶ》って憾《うら》みなからん」と、友人と交わるためならば、大切な馬車でも、立派な衣服でも、これを破損するのになんの後悔があろうかというほどまでに親しくしたい、と述べた。ところが顔回はさすが孔子の弟子の第一人者であっただけに、さらに異なった方面から、「願わくは善を伐《ほこ》ることなく、労を施すことなからん」と言って、人に対してはどこまでも自慢自尊の心を出したくないと述べた。

孔子はこの二人の弟子の言葉を聞いたまま口を開かなかったが、せっかちな子路が孔子に判定を迫ったので、はじめて口を切り、「老者はこれを安んじ、朋友はこれを信じ、少者はこれを懐《なつ》かしめん」と言った（公冶長《こうやちょう》）。

この言葉の意味は、老人には安心させ、朋友には信用させ、幼少者にはなつかせたいというもので、さすがに孔子はいかにも大きな観点から言っている。この三人の対話は、必ずしも交際についてだけ言ったのではないが、交際のあり方を側面からうかがうことができる。つまり人と交わるには子路の考えのように、互いに胸襟を開いてやるのも一つの方法であり、さらに顔回の意見のように、自慢自尊の心を無にしてかかればいっそう安全である。孔子の教えるところはまったく円熟したもので、相手を見分けてそれぞれの心にかなうようにする。これでこそ真の交際も成立するというものである。

私は顔回の意見に感じる点が多い。

世間にはよく人と交際する間にも自慢の心を起こし、自分の行なった仕事などについて「私はああやった」とか「ああいうやり方はちょっとできないものだ」などと臆面もなく言い放ち、その場にいる人の気分を悪くさせることがある。それほどまでに口には出さないが、心の中でひそかに自慢するものも少なくなかろうが、それもよくないことだ。自分がいかに善事を行なったにせよ、また多くの功労があったにせよ、相手がそれをできないからと言ってその者を低く見て、迷惑になるような自慢をするのは友と交わる道でない。交際とそれらの自慢や高慢とはまったく関係なく、人の気分を害する以外の何ものでもない。交際上、互いの意志に壁を築くだけである。顔回の「善を伐ることなく、労を施すことなからん」といった一語は、人と対する場合によくよく心しておくべきものである。

私が実践する〝自分磨き〟の交遊術

要するに交際の中心点は至誠である。顔回の言は至誠の言い替えであり、孔子の教えは至誠の具体的表現である。「至誠天に通ず」と言い、「誠は天の道なり、これを誠にするは人の道なり」とも言っている（『中庸』二十章）ように、何事をするにも誠を欠いてはいけない。

こう見てくれれば交際の極意はいかにして誠を身につけるかという問題となる。誠の養成は教育によるもよし、宗教によるもよかろう。

私は始終、孔孟の道によって自分の道徳を修め、誠の道を磨いている。孔孟の教えほど「誠」ということについて説明したものは少なかろう。

「大学の道は明徳を明らかにするにあり、民を新たにするにあり、至善に止《とどま》るにあり」と言い（『大学』経一章）、あるいは『論語』に「富と貴とはこれ人の欲するところなり、その道をもってせずしてこれを得れば処《お》らざるなり。貧と賤とはこれ人の悪《にく》むところなり、その道をもってせずしてこれを得るも去らざるなり」と教えているが（里仁）、いかにも見事な教訓ではあるまいか。

現代は、知識の進歩に比べ道徳心の向上が伴っていないから、人々は口先ばかりで心の誠実を欠くように見えるのはまことに残念な現象である。至誠によらなければ世の中は流れないもの、嘘いつわりは世に存在を許されないものであるというように、世人がこれを厳しく考えたら、自然に習い性となり、いつかは人々が真に誠を体得する時機が来るであろう。

時と場に応じて「自分の心の置きどころ」を調整する大切さ

今、仮に交際学とでも言う一科目を設けて、社交に関する綱目を科学的に研究しても、おそらく容易に解決できることではあるまい。しかし、いかに精神面が大切で誠実によらねばならないとはいえ、少なくとも交際上必要な形式だけは、ひと通りとるほうが得策であろうと思う。誰でも意志を表示する場合には、形式によらねば自分の心を相手に判断させることはできない。

たとえば集会の場合などでなるべく話がとぎれないよう話題を考え、人に不快感を抱かせないよう、いろいろ苦心することが必要で、いつも同じような話ばかりしていれば相手は飽きてしまう。相手を飽きさせないようにするには、自分が広い範囲での知識をもっていなければならない。また会合にもいろいろあり、国家的会合もあれば、社会的会合、家庭的会合などもある。これらはそれぞれに応じて性質が違うものであるから、出席するときは必ずまず自分の心の置き所を考え、応接、態度、話題などその場合に応じるようにしなければならない。社会的な会合に家族的会合の気持ちでいたり、国家的会合に私情を捨てなかったりして、公私を混同してはならない。極端な場合、そういうやり方を度量が広くて面白いとか、自由奔放でよいとか言って褒めたりするものもあるが、私はそういうやり方には賛成できない。

形式であっても人に悪感情をもたせない程度には必要である。こうなると交際術は必ずしも捨てたものではないが、その程度を失わないことはなかなか困難であろう。私もその細かいことについていちいち説明はできないが、要するに、分に応じ、時に応じ、場に応じて、その許容の限度を超えぬように心がけるならば、無難であろう。

4　人に好かれる資質を養う

「他人を見下し、剛情で傲慢」の一点張りだった私の青年時代

青年の気風も時代の推移とともに変わってきた。私たちの時代の青年は、一般に今日よりも活発であった。どちらかと言えば、ずいぶん乱暴を働き、負けん気が強かったというか、つまらないことにも他人に負けてはならないというふうで、何か人がちょっとでも間違ったことを口にしようものなら、すぐにその言葉尻につけ込んで口論をやらかす。

自分を省みると自分はあまり賢くもないくせに、どういうものか年をとった人が馬鹿に見えてならず、「何を知るものか、この老爺《じじい》めが」というように、一にも議論、二にも議

論と議論ばかりしていたものだ。

その頃は政治の状態も時勢も今日とは全然違っており、一般に教育が普及していなかった。世間の人にも知恵のある者、学問のある者が少なかったから、私などが年長者を馬鹿にしたというのも、結局そこらに原因があったのであろう。それで私がまだ田舎住まいしていた時分には、誰でも百姓が馬鹿に見え、京都に行ってから後、一橋家（後に徳川十五代将軍となった慶喜の一橋家）の役人になった頃にも、また先輩が皆馬鹿に見えたものである。

その頃の一橋家の役人は多くよい家柄の出身で、なかには少しばかり書物の読める者がないでもなかったが、その読める者と言っても私の読書力に比べれば大同小異で、しかもそれらの人々は代々その職にいる家に生まれて、相当の教育を受けながらやっとそのくらいであった。だからその他の者はもって知るべしで、私がむやみに人を馬鹿にしたのも、一つは時勢と境遇とがそうさせたとも言えよう。そんなふうで、ありていに白状すれば私の青年時代は、むしろ「剛情で傲慢」に偏ったほうであったのである。

適度な「無邪気さ」こそ今の時代に大事な資質の一つ

もしも人間というものが、自分の青年時代のような性格の青年を、年とってからも好むものであるとすれば、負けじ魂の、意地の悪い青年を好まねばならないはずである。しかし妙なもので現在はそうではない。私が好む青年は、どこまでも温良にして忠実な、山気のない、英雄豪傑をもって自らを任じるような振る舞いをしない、純正にして率直な、しかも活発な気性をもつ無邪気な青年である。

今日の私がそういう気質の青年を好むのは、それなりの理由がないでもない。私の青年時代は、誰でも相手かまわず議論したほどであったから、自分の性質が相当に剛情かつ活発であったに違いない。そうしてまたいくらかの自信をもって容易には引かなかったが、そのくらいであったから職務にもごく忠実であった。しかし無邪気という点でははなはだ疑わしい。あるいは無邪気というよりも、わがままで、なにしろもて余された青年であったと思う。

それでも年をとり老境に進むにつれて、少しずつ修養もできていくものと見え、今日の私は昔日の性質と一変して、意地の悪い、人に議論を吹きかけるような老人ではないつもりである。青年時代にわがままであったものが、老年になり無邪気になっていったから、たとえ青年時代に無邪気でなかったにせよ、今日は無邪気の青年を好むことになったものであろうと考えている。

もし私が今日の時世に生まれて、しかも二十四、五歳の年であったなら、きっと今日の青年のように温順であったと思う。私が意地悪く他人に議論を吹っかけたのも、一つは前に述べたような時勢のためで、現在の社会であんなわがままや自負心が増長していれば、人はおそらく狂人としか見ないであろう。だから私は今日の時勢につれて考え方も変化し、現代に適合する性格の青年を好むようになった。温順で忠実で、しかも活発で無邪気な青年は、すなわち現代に適合する人物と言っていいだろう。

なぜ私が最も欲しい人材は「知恵と無邪気」の合体人間なのか

私は無邪気ということについて一言しておきたいのであるが、世の中を見渡すと、どうも知恵の優れた人物には無邪気の者が少ないように思われる。ややもすれば知恵の力を借りて心にもない意見を吐いてみたりして、何事でも知恵で人を押さえ込まなければ、知者として、また学者としての本分が立たないと考えている者が少なくないらしい。

したがって知恵を働かす者の多くは、もともと有邪気に傾きやすいことになる。しかし知恵があり学問があるからと言って、必ずしもその人が無邪気になれないことはないだろうと思う。

無邪気という言葉について考えてみると、邪念のない率直な天真爛漫な性情である。痴呆とか愚鈍とかいう意味とは全然違う。痴呆だ愚鈍だと言われたら恥辱だが、無邪気だと呼ばれても誹謗の要素は少しも含まれないはずである。知恵の働き、学問の積み重ねが十分あって、それで天真爛漫の態度を維持し、知恵や学問を活用していくならば、その人格は実に立派なものである。知力や学問の力を悪用して有邪気に働かせるからこそ多くの弊害が起こるので、それと反対の態度で無邪気に活用させる人ならば、それこそ真に世の中の宝である。

知恵があり学問があればあるほど、いっそう無邪気であることを願うべきではないか。以上、そういう性格の青年が私の好む人物であるが、現代の社会も皆このような青年を歓迎するだろうと思う。実業界に志すと否とにかかわらず、今日の青年はできればそういう性格を養うことを希望する。

5　禍《わざわ》いを避け、福を招き寄せる口のきき方

心にもないことは口にするな、言うべきことはズバリ言え

諺《ことわざ》に「口は禍いの門」というものがある。軽率に口を開けば思わぬ禍いを招くから、気をつけて口をきかなくてはならないという戒《いまし》めであるが、口は単に禍いの門ではなく、福を招く門でもある。だから私はこれを改めて「口は禍福の原因を招く門」とした。

司馬温公が処世のことを説いたものの中に、「嘘をつかないことから始まる」というのがある（『十八史略』宋・哲宗）。これは私が「小さなことでも嘘はいけない」というものに当たり、言葉はいかに多くとも、嘘さえつかなければ決して害あるものではない。

言葉はもともと人と人との間に意思を通すためのものであるから、これがなかったら人

生の用事は間に合わない。けれどもそれだけ有用なものであると同時に、また一面においては大いに禍いの原因ともなるものであるから、この識別に注意し、有用な言葉は十分に吐くのがよいが、嘘はどこまでも慎まねばならない。

私は平生多弁のほうで、よく種々の場合に口を出し、あるいは演説なども所かまわずに頼まれればやるので、知らず知らず言いすぎることなどあって、人からしばしば揚げ足を取られたり、笑われたりすることがある。しかし、いかに揚げ足を取られようが笑われようが、私は一度口にして言う以上は、必ず心にもないことは言わないという主義である。したがって自分自身では嘘を話したとは思っていない。あるいは世人にはでたらめと聞こえる場合がないでもなかろうが、少なくとも自分は確信のあるところを口にしたつもりでいる。

口は禍いの門であるだろうが、ただ禍いの門であるということを恐れて、一切口を閉じたらその結果はどうであろう。必要な場合に必要な言を吐くのは、できるだけ意思の通じるように言葉を用いなければ大切なこともうやむやの中に葬らねばならないからである。それでは禍いのほうは防げるとしても、福のほうはどうやって招くか。弁論の利用によって福も来るものではないか。もとより多弁は感心しないが、無言もよろしくない。

時に「沈黙」こそがいちばんの罪悪

私のような人間は多弁のために禍いもあるが、これによってまた福も来るのである。たとえば沈黙していてはわからないが、ちょっと口を開いたために人の困難な場合を救ってやることができたり、あるいはしゃべることが好きだから、口を利いてもらったらいいだろうと頼まれて、物事の調停をしてやったり、あるいは弁舌があるために種々の仕事を見出すことができたとかいうように、すべて弁舌がなかったら、それらの福は来るものでないと思う。

してみればこれらはまさに口から得る利益である。口は禍いの門であるとともに福の門でもある。

芭蕉の句に「ものいへば唇寒し秋の風」というものがある。これも要するに口は禍いの門ということを文学化したものであろうが、こういう具合に禍いのほうばかり見ては、あまりに消極的になりすぎる。極端に解釈すれば、ものを言うことができないことになる。それではあまりに了見が狭すぎるのである。

口は実に禍いを起こす門でもあるが、また福の生まれる門でもある。だから福が来るためには多弁をあえて悪いとは言わないが、禍いの起こるところに向かっては言語を慎まねばならない。

片言隻語《へんげんせきご》といえども決して嘘をつかず、禍福の分かれるところを見極めることは、誰にとっても忘れてはならない心得だろう。

第五章

《鋼の意志》

他者に勝つより己れに勝て！
百戦百勝の肚《はら》をつくる

1 「生き方」しだいで〝顔つき〟まで変わる

人生に奇跡を起こす覇気と功名心

私は常に「功名心」は人生に欠くことのできない一機能であると考える。功名心、覇気は、人間にとって最も大事なことである。この心がなければ世に立つこともできなければ、国家の役に立つこともできない。人生と功名心とは常に離れられない関係にあり、もしこれを棄てるならば、人間は最後に無味乾燥、自暴自棄に陥ってしまう。

功名心には常に道理が伴わなくてはならない。もし道理を離れての功名心であるならば、「義を後にし利を先にすれば奪わずんば饜《あ》かず」と『孟子』の説く（梁恵王・上）ところへ落ち着くであろう。

人は多く功名についてその原因を究明せず、結果ばかりを求めるから、道理を踏み外すことが多い。だから道徳論者はこれを見下げて、人生に功名心があるから奸邪、詐欺、騙《へん》瞞《まん》等が生じるのだと、ひどくこれを嫌っている。特に激しく排斥したのは朱子学派で、種々の書物でこれを説き、『孔子』『孟子』の註にもそれが見られる。しかし、これが誤解を生じる源となった。

私は仁義と利益とは両立するものであると説く一人であるが、学者は、君子賢人は功名を考えないとか、名誉を口にするのは君子にあらずとかいって、まったく功名心を放棄している。けれどもこれは学者の誤解で、道理を伴わない功名心がまま悪結果を生むからといって、すぐに功名心全体を認めないのは間違いである。弊害を取り立てて利益を顧みなければ、よいものは何一つなくなってしまう。

自分はいつ何に奮起するのか――道理正しい巧名心がカギ

私は道理正しい功名心は、大いに必要であると思う。

これがあるために努力する心も生まれ、奮発心も起こるのではないか。仮に禅でこれを排斥しても、禅の「恬淡《てんたん》」とか仏教の「一切空《いっさいくう》」とかいう境地に達するまでには、やはりそれに達したいという一種の功名心が含まれるもので、これらの人々でも名僧知識と称せられるようになれば、それは「功」が成ったのではないか。戦争に勝利を得ることばかりが功ではない。仏教に功徳《くどく》という言葉があるのも功の字ではないか。

発明をして名誉を得たとか、大富豪になったとかいう種類のことばかりが功ではない。仏教で言う悟入《ごにゅう》、真諦《しんたい》、真髄なども功であって、これを知りたいと願う心は功名心である。だから学者や禅家が功名心を排斥するのはいわれのないことで、彼らは自分自身を嘲《あざけ》っているに等しい。

このように功名心は道理の正しい欲望で、人は欲望のないところには生きられないのと同様に、人生寸時も功名心から遠ざかることはできないものである。そして功名心は最も尊ぶべきもので、しかも大いに必要なものであるということができる。

ところが、ややもすれば田舎の青年などはこれを誤解し、救うことのできない弊害を受けてしまうことがある。もともと青年期は感情に駆られやすく、他人の成功がうらやまれるもので、落ち着いて分別をきかせる暇もなく、彼らを競って都会へ出させる。都会へ出さえすれば誰でも成功できる、先輩は都会で成功したというような空想に走って、その人がどういう理由、どういう手段で成功したか、それらを考えず、単純に功名という結果ばかりに目がくらみ浅薄な考えから故郷を飛び出してしまう。

それでも成功すればよいが、そういう連中に限って成功することは難しいから、終生を功名心の犠牲にしなければならないようなハメになる。これこそ功名心からくる弊害である。功名に憧れる人は、功名心に応じる才学、能力、位置いかんを自分の知力によって知ることが必要である。これを知らずに功名心に駆られる人は、飛び越えられない堀を飛んで落ちるか、不完全な飛行機に乗って墜落するに等しいものだ。

しかし、たとえそういう弊害があるにしても、功名心そのものが悪いのではない。軽佻《けいちょう》浮薄《うふはく》の青年によって生じるものであるから、むしろこのような青年を軽蔑して、功名心はやはり大事にするのがよいと思う。

2　意志を鍛えれば鍛えるほど、人生は楽になる

まずは日常の「小事」のとらえ方から勉強せよ

気がかりなことが起こった場合や希望が達せられない場合、人は忍耐し、奮励しなければ

ばならない。この忍耐という言葉は、心の働きのうえにも、力にも応用できるもので、事実忍耐を心として事に当たれば、失敗はしない。この忍耐を心に置き、ふだんからそれを十分に活用する者が、すなわち意志の強固な人である。しかし意志の鍛練はそれがすべてではない。ある場合には新知識を吸収して少しずつ向上を試みるのも、鍛練の一方法である。

こうして考えれば日常身辺に起こる出来事は、一つとして鍛練の材料でないものはないが、要はそれを自覚して見るか、無意識に見過ごすか、この二つに分かれる。だから意志鍛練を考える人は、日々に刻々に小さなことでも軽視しない。どんな小さなことでも、これを活用できるか否かで、その差を生じるのである。

熟考して自省するほど、意志の力も強くなる！

世の中のことは、心のままにならないことが多い。それは形に表われていることばかりでなく、心に属することもそうである。たとえば、一度こうと心の中に堅く決心したことでも、ふとしたことで急に変化する。人から勧められると、ついその気になるといったようなこともあるが、それが悪意の誘惑でなくても、心の動揺から起こることで、これは意志が弱いと言われてもしかたあるまい。自分で決心して動かぬと覚悟していながら、人の言葉で変わるのは意志の鍛練ができていないからだ。

ふだんから心の中に「こうせよ」とか、「こうしなければならない」とか、事物に対する心がけが的確に決まっていれば、どんなに他人が巧妙に言葉を操っても、それに乗せられるようなことはないはずだ。何も問題の起きないときにその心がけを錬っておき、事に直面したとき、それを順序よく進ませるのが、すなわち意志の鍛練である。

しかし、心は変わりやすいもので、いつもは「かくすべし」「かくあるべし」と固く決心していても、急転して知らずに自ら自分の本心をふだんの心がけとまったく別なところに誘うような結果をもたらすなどは、日常の精神修養に欠け、意志の鍛練が足りないからである。修養を積み鍛練を経た者でも惑わされるのだから、まして社会経験の少ない青年時代は、くれぐれも注意を怠ってはならない。

もし事に当たって自分の主義主張を変えなければならないようなことがあるならば、よくよく熟慮するがよい。事を急激に決めず、慎重な態度で深く考えるならば、おのずから心眼が開いて、自分の本心に立ち返ることができる。この自省、熟考を怠ることが、意志の鍛練にとって最も大敵であることを忘れてはならない。

私も意志をつらぬくのに苦労した——危うくなったらどうするか

私の体験談をお話ししよう。私は明治六年、思うところがあって役人をやめて以来、商工業が自分の天職で、どんな変転が起きても政界には断じて戻るまいと決心した。元来、政治と実業とは互いに深くかかわっているもので、非凡な人物であったらこの両方の世界に立って、その中間をうまく歩けばすこぶる面白いのであるが、私のような凡人がそれをやると失敗しないとも限らない。だから私ははじめから自分の力量の及ばないところとして政界を断念し、もっぱら実業界に身を投じようと覚悟したわけであった。

私がこの決心を断行するに当たっては、自分の判断に従い、友人たちからの助言勧告も受けつけず、断固として実業界に向かった。しかし、最初の決心がそれほど勇ましいものであったにもかかわらず、さて実地になると、なかなか思惑どおりにはいかないもので、以来四十余年間しばしばぐらつこうとしては危うく踏みとどまり、ようやくにして今日あるを得たのである。今から振り返ってみれば最初の決心のときに想像したよりも、この間の苦心と変化ははるかに多かった。

もし私の意志が薄弱で、それらの変化や誘惑に遭遇して、うかうかと一歩を踏み間違えたならば、取り返しのつかない結果になっていたかもしれない。しかし、私は幸いにもそういう場合に直面するたびに熟慮考察し、危うく心が動きかけたことがあっても途中から引き返して本心に立ち戻ったので、四十余年間なんとか無事に過ごすことができた。

これから考えて、意志の鍛練の難しいことは、今さら言うまでもないが、それらの経験から修得した教訓の価値も、また決して少ないものではないと思う。そして得た教訓を要約すればおよそ次のとおりである。

つまり、どんな小さな事でもこれをなおざりにするのはよろしくない。自分の意志に反することなら事の大小を問わず、断然これをはねつけてしまわなければいけない。最初は些細なことと侮ってやったことが、最後にはそれが原因となって総崩れとなるような結果を生み出すものであるから、何事に対しても流されず、よくよく考えてやらなければならない。

繰り返せば「正しく即決」できるようにもなる

事物に対し、「こうせよ」「こうするな」というような正邪の明瞭なものは、すぐ常識的判断を下せるが、場合によってはそれもできないことがある。たとえば道理を楯にして言葉巧みに勧められると、思わず知らずふだんの自分の主義主張と反対の方向に踏み入らざるを得ないようになっていくものである。無意識の中に自分の本心を忘れてしまうことになるのである。そのような場合にも、頭脳を冷静にしてどこまでも自分を見失わないように注意することが、意志の鍛練の最大ポイントである。

もしそういう場合に遭遇したら、先方の言葉に対し、常識に照らして自問自答をしてみるとよい。その結果、先方の言葉に従えば一時は利益を得られるが、後日に不利益が起こってくるとか、あるいはこの事柄にはこう処断すれば、今のところは不利でも将来のためになるとか、明瞭に意識されるものである。もし目前の出来事に対し、こういう自省ができたら、自己の本心に立ち返ることは容易で、正しい判断ができる。私はこういう手段方法が意志の鍛練であると思うのである。

ひと口に意志の鍛練とは言うものの、それにも善悪の二つがある。たとえば石川五右衛門は悪い意志の鍛練を経たもので、悪事にかけてはたいへん意志の強固な男であったと言える。けれども意志の鍛練が人生に必要だからと言って、悪い意志を鍛練する必要はないが、心の常識的判断を誤った鍛練をやれば、悪くすると石川五右衛門にならぬとも限らない。それゆえ意志鍛練の目標は、まず常識に問うてそれから事を行なうということが大切である。

　何事によらず、沈思黙考して決断できるのは、意志の鍛練によってだけである。事件は沈思黙考の余地ある場合にだけ起きるものではない。突然起こりもすれば、人と接した場合などに、その場ですぐ結論を出さなければならないことがいくらもある。そういうときには熟慮している時間がないから、即座に当を得た答えをしなければならないが、ふだん鍛練を怠った者には、その場で正しい決定をすることができにくい。したがって、つい本心に反した結末を見なければならないようなことにもなる。

　だから何事も平素によく鍛練に鍛練を重ねておかなくてはならない。常に心がけをそこに置き、心を集中して事に当たるならば、意志の強固なことがその人の習い性となって、何事に対しても動揺することがなくなるだろう。

3　自分をコントロールする力「不屈の克己心」を養う法

〝二人の自分〟をどうやってコントロールするか

「己れに克って礼に復《かえ》るを仁となす。一日己れに克ち礼に復れば天下仁に帰す。仁をなすは己れに由《よ》りて人に由らんや」と『論語』（顔淵）にある。

克己は仁をなす原動力、仁は自分がしようとしてできるもので、決して他人の力に頼るものではないという意味を述べ、明確に「克己」の二字に解説を与えてある。『論語』以外にも克己について説いたものはたくさんあろうが、私がこの意義を知ったのは『論語』のこの章であった。

「克己心」とは何であるか。言うまでもなく「己れに克つの心」という意味で、その「己れ」とはどんなものであろうか。この説明が明確にできれば「克己心」の意味もはっきりするから、まずこれについて考えてみたい。

『四書』の朱子の註に「己れ」の意味を説いたのがある。それによると、己れとは自他の差別、つまり他人と自分ということではなく、物我《ぶつが》（客観と主観）の己れである。元来人の性には「本然《ほんぜん》の性《せい》」と「気質の性」とがあり、本然の性は人に対して万事善意に解釈するが、気質の性は人をすべて悪意に見るほうであると述べている。朱子のこの説は、張子《ちょうし》が「気には清濁の二つがあり、それは、本然の性、気質の性である」と言うのを受け継いだものである。

人はふつうにある物に対して平静を保つものであるが、そこに何か異なった事件が起きるときは、七情（喜、怒、哀、楽、愛、悪、欲）が波のように動いてくる。これが本然の性を失った状態と言ってよかろう。

「己れ」とはちょうどこの場合の人間を指して言ったもので、利他とか、利己とか言うときの「己れ」ではない。客観に対する主観という意味の「己れ」なら、「己れ」は君子にもあり、聖人にもあるはずである。ゆえに「己れ」とは朱子の言うところの物我の己れであって、自他の己れではないと解釈するのがよかろうと考える。

「己れ」が物我の己れであるとすれば、克己心とは自分だけの主観に勝つ心である。物我の己れを制して常に本然の性——正常な客観の立場に立ち返らせるのである。こうして見ると、克己に最も必要なものは強固な意志の力で、この力を善用すれば常に克己はできるわけである。しかしここで注意しておかなければならないことは、人の性格として多くの場合、非を知ってこれを改めるものではあるが、ある場合には、意志が強すぎるために非をそのままに押し通すことがある。

これは非行である、これは過ちであると知っても、意地ずくで非を理で通し、過ちを知りながらやり抜くのがこれである。いかに意志の力が必要であるとはいえ、そういう意志はかえって害になるのである。非であるならすみやかに善に改め、過ちと認めたら即座にこれを正して、本然の性に引き戻す意志の力であってこそ、はじめて克己心と言える。

自分免許の〝克己〟ほど始末の悪いものはない

ひと言にして言えば克己もそれほど難しいものではないように思われるが、人はともすれば朱子の言う気質の性に引きずられやすいもので、得手勝手とか手前味噌、自分免許、自惚《うぬぼ》れ高慢、自負わがままなど、種々の悪癖が妨害を試みる。そのため己れの非を知りながら、行きがかり上自分のやり方がよくなかったと、強い意志の下で明確に是非の判断を下すことは難しいものである。

孔子は克己の行き着くところは仁であると説いているが、克己がいかにやりにくく、いかに高遠なものであるかがわかるであろう。『論語』の「仁」の一字の解釈がたいへん深遠であるからこそ、このような説も出てきたものと思う。とにかく克己に対する意志の力は、密接な関係をもっているものである。

やり抜くのも、キッパリやめるのも〝心のものさし〟があればたやすい

克己は、このように行ないにくいものだが、日常生活ではぜひとも必要なものである。早い話が、日常の出来事でも、酒を飲まない習慣を養いたいとか、煙草をやめたいとか、朝寝を直したいとか、その他いくたの性癖を改めるためにはぜひとも克己の力が必要である。だから克己は誰にも常日頃なくてはならぬこと、守らなければならないことになっている。

孔子が「己れに克って礼に復《かえ》るを仁となす」と言った言葉に対し、おそらく誰も異論を挟む者はいないであろう。ここで礼というのは、今日のいわゆる「礼儀作法」というような狭い意味のものではない。『礼記』によれば、心から出るものは別として、外形に表われるものは皆この礼の中に入れてある。心の善からぬ発動を抑え、過ちに克ち、礼儀に基

づいて行動を完全にすれば、天下は期せずして仁に帰することになる。ここではじめて克己心の完成となり、その必要な理由が具体的になるのである。

では、克己心はどのようにして養うのか。

言うまでもなく日常の注意にまつよりほかはない。つまり、いつも悪は必ず改め、善は必ず行なう心がけが必要である。人間の七情は物に応じ人に接して働くものである。喜ばしいとか、腹が立つとか、悲しいとか、楽しいとか、それらの心の動きはすべて七情の動きであると古人は説いているが、私はこの七情の動き方が、一つひとつ道理にかなうようになるのが克己心の修養されたものであると思う。しかしこれがなかなか難しいことで、口でこそそうは言うが、実際には容易なことではない。したがってこれを行なうには、常に何か心の基準となるものがなくてはならない。

たとえば儒教を手本にする、キリストの道を自分の心のものさしとする、釈迦の説を自己の目標にする、孔子孟子の訓言を行動の手本にするというようにすることが必要である。こうすれば、他人の物をほしがることは悪い、自分にへつらう者を可愛がるのはよくないとか、一切のことに対して誤らない判断を下すことができる。その基準に基づいて七情を働かせるならば過誤のない行動ができるであろう。このように人々が皆その節度を保てば、おのずから社会も発達し、国家も進展することは必然の結果である。

七情（喜・怒・哀・楽・愛・悪・欲）の私流バランス法

克己心を養成するに当たって、その根元となるものは、七情がその節度を保つという一事に帰着する。七情が節度を保てば善悪正邪の別は自然にはっきりする。そしてその七情が節度を保つ工夫としては、常に自分で守る基準がなければならない。それでキリスト教や仏教、儒教が信じられているのであるが、私の場合は常に何事も『論語』によってその判断をしている。怒るとき、楽しいとき、人と交わるとき、怠け心を起こしたとき、心に邪念が生じたとき、いつも直ちに心の基準である『論語』の訓言を思い、行動したり、あるいは身を慎んだりする。

自分は『論語』を心の基準としてきたが、すべての人に必ず『論語』を基準にしなさいと勧めるわけではない。ある人はバイブルを好むであろうし、またある人は仏典を信じるであろう。それらの基準とするものについてとやかくは言わないが、ただ心の基準・ものさしとなるべきものを定め、それにしたがって行動を決定することが、克己心を養ううえで大きな効果があるものであると断言することができる。要するに人が世を渡る際、事々物々に応じて必ず七情が動くものであるが、これがその節度を保つようにすることを心がけるのがよい。「人心これ危うく、道心これ微《び》なり」と『書経』（大禹謨）にもあるように、今や道徳的観念は頽廃し、世はまさに乱れつつあるように見える。この病弊を救うのは克己心の力である。世の志ある人は、国家の進展、社会の発達のために克己心養成に力を注いでほしい。

4　勇気、胆力を養う

勇者は必ずしも強者ではない

ここで私は勇気を鼓舞する方法を説いてみたい。まず勇気とは何か。

『中庸』に「学を好むは知に近し、力《つと》め行なうは仁に近し、恥を知るは勇に近し。この三者を知ればすなわちもって身を修むるところを知る。もって身を修むるところを知ればすなわちもって人を治むるところを知る。もって人を治むるところを知ればすなわちもって天下国家を治むるところを知る」とあって「勇」もその理を推し広めていけば、「知」、

「仁」とともに天下国家を治める要素となると説いている（二十章）。

こうなると「勇」の範囲もなかなか広大なものとなる。

また『論語』には、「義を見てせざるは勇なきなり」（為政《いせい》）とか「仁者は憂えず、知者は惑わず、勇者は惧《おそ》れず」と言って（子罕《しかん》）、これを君子の行なう三つの道としており、さらに「仁者は必ず勇あり」とも述べて、「勇」はほぼ「仁」と同様の価値があるものとしている（憲問《けんもん》）。

また「由や勇を好む我に過ぎたり」と、子路の勇気がありすぎることを戒めた言葉もあり、そのあり余ってもいけないという点が、仁などとは大いに趣きを異にしていることがわかる（公冶長）。

また同じ『論語』の中に、孔子が「吾いまだ剛者を見ず」と言ったときに、ある人がそれに答えて申棖《しんとう》という男は剛者であると言った。ところが孔子は「棖や欲なり、いずくんぞ剛を得ん」と言って、欲念のあるものは剛者たりえないという意見を述べているが、勇はこういう場合にはまた異なった意味にみることができる（同）。

このように勇気の解釈は多様であって、どこまでを勇と言うのか、その限界を決めることはなかなか難しい。

理非のいかんによらず、自分の心に思ったところをどこまでも通してやることが勇気であるとは言いがたいが、意見を述べるときでも事に当たった際でも、こうすれば道理にかなうということなら、奮然としてその目的を達するのが勇であると言えそうである。

生産的な気合い、身を滅ぼす気合い

また勇気とは、きわめて軽い「いさむ」の意味に見て、成否は別にして、「よし」と認めたことならたとえ中途で誤ったと気づいても、これを断固として終わりまで敢行するというのが勇であると見てよいようにも思える。とにかく勇の真の意味とその範囲を決めることはたいへん困難である。

孔子が勇を愛したということは、『論語』の各章を通じてわかるが、仁義などとは少し違い、善と見れば進んでやるに躊躇しない気合いを勇と名づけたことであろうと思う。すなわち「よし」と認めるところに向かっては、必ずしもその成功失敗、得失を考えるいとまもなく猛然としてこれを決行するのが勇である。だから、たとえば他人から攻撃されるときのような、全然自分を忘れて力いっぱいこれに抵抗することなども、やはり勇の範囲であろう。しかし自分の腕力を誇って理由なく人を殴るとか、または何事も喧嘩腰でやるとかは真の勇気ではなく、いわゆる匹夫の勇ということになってしまう。

とかく勇には弊害が伴うもので、悪くするとこの匹夫の勇になる。だから孔子も、「暴虎馮河《ひょうが》、死して悔《くい》なき者は吾は與《くみ》せざるなり、必ずや事に臨んで懼《おそ》れ、謀を好んで成さん者なり」と子路の蛮勇を戒めている（述而）。このほか、「勇にして礼なければ、すなわち乱す」（泰伯《たいはく》）とか、「勇を好んで学を好まずんば、その弊や乱、剛を好んで学を好まずんば、その弊や狂」（陽貨《ようか》）とか、あるいは「君子勇あって義なくんば、乱をなす」と言って、勇には「礼」、「学」、「義」がこれに伴わなければ、その結果はいつも悪いものになると教えている（同）。だから勇気には常にこれを制御するものがついていることが肝要であることを忘れてはならない。

本物の強者は「静の勇気」と「動の勇気」を使いこなしている

孟子も勇気についていろいろ説いている。公明正大な道徳的勇気を論ずるに当たっては、まず心の不動を説いているが、その中に勇気を養うことについてこう言っている。

「自ら反《かえり》みて縮《なお》くば千万人といえども吾往《われい》かん」と（『孟子』公孫丑《こうそんちゅう》・上）。

勇気を養おうとする人の心がけとしては、こうありたいものである。すなわち自分を省みて正しくなければつまらない人間にも遠慮するが、もし正しければ王侯でも相手にするというような意気は、まさに勇の真髄と言うべきものである。

勇気は人の世に生きるうえにおいて欠くことのできない一要素である。いかに人より知能が優れていても、実際にその知能を働かせるときに、側面から勇気の助勢がなければ成功しないものである。人が物事を知るという機能はただ知りさえすればそれでよいのではない。これを知って行動に表わすことができないのは、勇気が欠乏しているからだ。だから実社会で大成するには、常に勇気の必要に迫られていて、とりわけ実業界に生きる者には、特にその必要がある。だから人として勇気に欠ける者は、世捨人に等しいものである。

しかしこの勇気の必要な場合について考えてみると、それには静止的な場合と急激的な場合の二つがあると思う。

たとえば事業を興す場合に必要とする勇気は、沈思熟慮の結果から来る勇気で、すなわち静止的なものであるが、ときにはそれと反対に急激の場合に勇気の必要を感じることがある。「義を見てせざるは勇なきなり」という言葉に応用される勇気などは、たいてい急激に決断するときに必要とする場合が多いだろうと思う。一例をあげれば、子どもが危うく汽車にひかれようとするのを助けるというのは、単に惻隠《そくいん》（あわれみ）の心だけではできない。その場合、勇気が伴っていなくては、そこへ飛び込んで助けるまでの行為はできないのである。こういう急変の場合、沈思黙考した後に勇気を出すようなことでは間に合わない。

孔子のいわゆる「仁者は必ず勇あり」で、勇ある仁者でなければ成し遂げられない。とにかく人は特に男子と生まれた以上は、十分な勇気をもちたいものである。その中でも青年時代には、いっそう勇気をみなぎらせることが望ましい。ただし、勇気にはごくまれにそれに伴う弊害があるから、特に青年時代は、その弊害に陥らないように注意しなくてはならない。

肉体面から、動じない「肚」をつくる法

では、勇気はどうやって身につけるか。勇気はこれを先天的にもっている人もあるが、修養によってある程度まで得ることができる。そしてその方法には、形式的なものと精神的なものとの二つに分かれる。形式的と仮に名づけたのは、主として肉体のほうからこれを養うものである。その最良手段としては柔道とか剣道とかという修業法が昔からあり、勇気を養い胆力を鍛えるにはぜひともこれによらなければならないくらいになっている。

元来、真に勇気ある人の外形的の資格としては、身体があくまで強く、敏捷《びんしょう》な者でなくてはならないと思う。身体柔弱の人では、ふだんその勇気を持続するのが困難である。強壮な身体をもったうえに武芸の修業をしておくのが最上の策である。

また一つの方法として、下腹部に力を込めることをふだんから心がけるのも悪くない。それはなぜかというと、人は頭のほうへ主に気を奪われていると、何事にも変動しやすいものであるが、それと反対に腹のほうに力を注いでじっくりと考えれば、心もゆったりと落ち着いていられるから、勇気を養ううえには少なからぬ効果があるものである。

古来の武術家を見れば、その態度は軽々しくないのに動作はすこぶる敏捷である。態度が軽々しくないのは心を丹田《たんでん》に置いているからで、動作が敏捷なのはふだんの備えを欠かしていないためである。このような点から考えても、下腹部に力を込めていることは確かに効果がある一つの手段であろうと思う。とにかくそれらの修業を積むにしても、まず第一の要素は身体の強健にあるから、この根底から築いてかかることが肝要であろう。

元来、柔道は、柔に受けて剛を制するところから柔道と名づけたものであろうが、これもいかに柔に受けるとしても、病人ではどうすることもできない。だから勇気を養おうとする人の外的条件としては体力を強健にし、それからしだいに柔道であれ剣道であれ、練習をしたらいいだろう。

内側から、勇気を養う法

外形的に修業を積むと同時に、内面的すなわち精神のほうからも修養を重ねていくことは、勇気を養う者にとってなおざりにできない方法である。

精神的修養にはどういう方法がよいかと言うと、真の勇気を養うべき書物を読むとか、あるいはそれに関する説話を聞くとかがそれである。しかし書物もその選択を慎重にしなければかえって弊害を生ずるが、真の意味における武人の伝記などを読むのが一般には最もよいように思う。

たとえば楠木正成が湊川で負け戦と知りつつも、進んで戦って潔く討死にしたとか、その子正行《まさつら》が父の遺訓を守って南朝のために忠誠を尽くしたとか、または榊原康政が五百の小部隊を率いて長久手で秀吉の大軍を阻み、秀吉の肝を潰したとかいうこれらの伝記伝説は、いずれも真に勇気を養う材料になるのである。すべてこのように沈勇とか、義勇とかに関した説話の書物ならなんでもよいが、同じ武勇伝でも蛮勇、暴勇のほうに属するものが多いから、よく前者と後者とを混同しないよう注意したい。

5　心をいつまでも若く、快活に保つ私の秘訣

楽隠居生活に長生きなし

人間は「気」でもっており、「気」すなわち精神の作用いかんで、身体はある程度まで左右されるものである。小心な人が何か難問にぶつかったりした場合、夜も眠れないとか、食欲が減退したとか言って、半病人のようになったりするが、これはすなわち身体が精神のために衰弱したよい例である。

このように精神の力というものは実に恐ろしいもので、「病は気から起こる」という世の諺は真理であると思う。人間は常に精神さえしっかりしていれば、身体もこれにつれて自然に壮健になるようである。私も従来この点に大いに注意して、なるべく精神を落ち込ませないように、またいつまでも気を若くもつように努めてきた。

かつて『先哲叢談《せんてつそうだん》』の中に江村専斎《えむらせんさい》という長寿者のことが出ているのを読んだことがある。この人は大坂落城の頃から徳川三代将軍の時代まで生きて、一五六歳の長寿を保って死ぬまで気は確かであったという。あるとき人から養生のことを問われて、「養生に三寡《か》あり、色を寡《すくな》くし、食を寡くし、思慮を寡くす」ということを述べている。

しかし、私の考えではこれだけの答えではまだ言い足りないように思う。なぜならば、およそ人間と生まれて肉体的に、また精神的に愉快と感じることを行なうのが健康に悪いとは言えまい。もっとも、女色なり飲食なりが節度を失うと身体に害あることはもちろんで、各人の体質に応じてその度合いを計ることがきわめて肝要である。女色と飲食に限らず、その度を過ごしてよいことは何一つあるわけのものではない。

けれども第三の「思慮を寡くす」という一項は大いに研究に値する。もし江村専斎の言う思慮の二文字が字面どおりに思慮分別を意味するものだとすれば、私はこの説には反対である。人は老年になってからはただぼんやりしていれば、身体の保養になるように思われるかもしれないが、もしも老人になってから思慮分別をまったく捨ててしまうと、壮健になるどころか反対に虚弱になってしまう。

これだと、江村の言う思慮は少なかったに違いないが、ならばその人々がはたして健康で長寿だったかと言うと事実はまったく反対で、かえって早く死んでいる。社会で活動していた頃には身体も強健、元気も旺盛であった者が、その子に仕事を譲ると同時にがっくり弱ってしまったという実例は、今日でも田舎にはたくさんある。思慮を少なくすることが健康法にかなったものでないということは、この例でもわかることであろう。

人生の幕を閉じるまでいつも〝青春〟でいる法

しかし江村の言う思慮はそういう意味でなく、単に神経的なくだらぬ心配、いわゆる愚痴のようなものを意味するならば賛成である。こういうくだらぬ心配は、健康上まことによくないから、できるかぎり取り除かなければならない。ではどのようにしてこれを取り除くかというと、学問に立脚した精神修養の力によるのがよい。

元来、人生は不足がちなのがふつうで、満足というものは少ないものであると言ってよい。この道理をとくと考えて、不足や不自由を当たり前のことと悟ってしまえば、苦情も起きなければくだらない心配もない。すべてこういうふうに精神の修養を積んでいきさえすれば、万事それでうまくいく。古人の言う「その天命を楽しみてまた何をか疑わん」という境地がそれで、こうなれば心を煩わすものはなくなるのである。

くだらない心配はしないほうがいいが、真面目な思慮分別なら大いに心を用いたほうが健康のためにはむしろ薬である。思慮分別を捨ててしまえば、かえって身体も精神もいちじるしく衰えるものであるから、楽隠居的な考えを起こさず、死ぬまで活動をやめないという覚悟が必要である。現に私でもすでに四十歳になる息子がいるが、互いに別居して仕事も別にし、父子ともに負けず劣らずやっている。とにかくいつまでも気を若くもって、引っ込み思案をしないということが、健康には何よりの良薬であるようだ。

馬鹿げた信念ではなく、最新医療に従う

私の壮年時代は元気旺盛なものであった。忘れもしない三十一歳、大蔵省に勤めていたときには、三日三晩一睡もせずに仕事をやり続けたことなどもあった。そのときは井上侯監督の下に大蔵省の事務規程をつくっていたが、なにしろ各局とも何十条とある条文を三日間でつくり上げなければならない。しかも性急な井上侯の命令であるから、もし半日でも遅れようものなら、それこそ目から火が出るほど叱られるので、何がなんでも期日内に仕上げてしまうという意気込みで仕事に没頭した。

ところが私とともにその仕事に取りかかった連中は、二晩目には一人残らず兜を脱いでしまった。私だけはとうとう、三日三晩まんじりともせず働き続けたが、その翌日になっ

ても特に疲労を感じなかった。いまは寄る年波でとてもその時代の真似はできないが、一晩ぐらいの徹夜ならまだ平気である。若い人たちが睡眠不足だなどと言うのが不思議なくらいである。

近年は私も、ときおり病気になるところを見ると、身体は確かに衰えてきたことと思うが、それでも病気というものをいっこうに苦にしない。世俗にも言うとおり「命と病とは別物だ」という意気込みで、なんでもかんでも精神的に、いわゆる気が勝っているが、それでも私は心霊万能者が説くような、全然医療を信じないという馬鹿げた信念はもっていない。

精神の力、すなわち気が健康を保持するうえで欠くことのできない要素であることは知っているが、病体を健康体に戻すには、やはり今日のように進歩した医学の力を借りなければならないと思っている。そして病気のときは、医師に対してはきわめて従順で、医師の言葉のとおりにしているつもりである。このように医療を信じるということも、健康を保つうえでは欠かせない要件である。健康維持策としてふだんは精神の助けが必要であるが、病気のときの医療の必要性もまた忘れてはならない。

第六章

《逆境》
私はこうして
試練・限界を突破してきた

1 私が「問題解決」に使っている最良安全な方法

“独立自営”には二つの重要な意味がある

独立自営という言葉には二つの意味がある。一つは社会を相手にして考えた場合と、もう一つは自分だけのこととして考えた場合とである。

どんな場合でも、依頼心を起こすことはよくない。何事にも独立的精神、自営自治の心をもたなくてはならないのはもちろんである。けれども第一の場合のように、国家社会を向こうに置いて、極端な独立自営の心をもっていくのはどんなものであろうか。こういう場合を考えると、福沢諭吉先生の唱えた独立自尊というのは、あまりに主観的にすぎはせぬかと思う。

人はこの世に生きるに当たり、すべてその心を客観的にもたなくてはならない。主観的にだけこの世の中を見ると、その人個人のためにはなるかもしれないが、国家社会がなおざりになる。人間が老若男女、すべて君子賢人ばかりであれば、この主観的主義も悪くはないが、自分以外を顧みる必要はないという人間ばかりになれば、「奪わずんば饜《あ》かず」という状態に陥るであろう。ゆえに私は人生に対処する道は「自我」とか「己れ」ばかりではなく、これを客観的に見るということが最良安全な道だと思うのである。すなわち個人はできるかぎりその知能を磨き、世に出て人に迷惑をかけず、国家社会のために尽くすことを主にしなくてはならないと思う。

孔子は、「身体髪膚《はつぷ》これを父母に受く、あえて毀傷《きしょう》せざるは孝の始めなり。身を立て道を行ない、名を後世にあげ、もって父母を顕《あらわ》すは孝の終わりなり」と教えているが（『孝経』開宗明義）、これも名を後世にあげるのは一身のためだけではなく、必ず国家社会のためになるので、やはり客観的人生観を意味したものと言ってよかろう。

自力で幸福を招き寄せる人の生き方

私は客観的人生観に立っている。だから独立自営ということも主観的には見たくない。社会に対して自分を考える場合は、いつも社会と自分との調和を考えなくてはならない。

国家社会はどうなろうと自分さえ利益を得ればよいとか、自分に有利な方法のためには、他人にどんな損害を与えてもかまわないとかいうのは断じて反対である。しかし個人の精神、あるいは社会から切り離した自己としては、あくまで独立自営の心を養わなくてはならない。西洋哲学の金言に、「人は自己の額の汗によりて生活するものなり」「天は自ら助くるものを助く」などあるのは、きわめて短いが真理を言い尽くした言葉だと思う。

すべて人間がそれぞれ皆働いて生活を立てるならば、その人一人の幸福だけでなく、社会もまた平和で幸福なものとなるであろう。自分で努力する者に対しては、天は必ず幸福を与えると言っているが、たとえ天が幸福を与えなくても、こういう人は自分で幸福を招き寄せる。

人は独立の精神をもち、すべての依頼心を捨てて、自営する覚悟を抱くことは、個人にとっては大切なことである。けれどもこの心がけは誤解されやすい。独立自営の意味を、「他人の世話にならずに、自分のことは一切、自分一人でやれ」というだけに解釈すれば無難だが、それを曲解して、独立自営とは「われあるのみ」とか「天上天下唯我独尊」とかいうように考えがちである。

西洋の学説にも数百年前にはそういう個人思想があったようで、ことに英国ではこの個人主義が強く流行して、しだいに日本にも伝来したらしい。けれどもいくら先進国の学説でもこれにならうことはない。東洋人であるわれわれは、やはり孔子の「己れ立たんと欲して人を立て、己れ達せんと欲して人を達す」（『論語』雍也）の教えに従うほうがふさわしいと思う。

これからの時代をたくましく生きる新しい人間像

福沢先生が独立自尊の説を唱えて以来、独立心とか自営心とかが日本人の口から出ることが多くなった。先見の明ある福沢先生が早くからこの思想を日本へ輸入して、昔の悪い習慣を改めようとしたのは、確かによい考え方であった。その考え方はよかったのだが、福沢先生の説にはまだ不十分な点があった。先生の説は西洋の自由思想、個人主義を日本に伝えたものだから、東洋の古い悪習を改めるためには効果があったが、反面別の弊害も出たと思う。しかし今日の独立自営の思想はその当時のものより大いに進歩しているから、横道にそれることなしに、その欠陥は改められることと思う。

独立自営の精神が自分一人にとって必要なことは、十分に理解できたことと思う。もし国民が賢い為政者の治政に安住して自分で努力することを忘れ、子が家長の指導に頼り切って自分の本分を尽くすことをおろそかにすると、しだいに自分を磨かなくなり、退廃してしまう。それでは人間の本分に背く。だから子はある年齢時期に達するまで親の補助を受けても、それから先は自己を立て通す心がけ、つまり独立自営の精神をもたなければならない。他人の力にすがるなどは自己を失う最大の原因となるものであるから、どんなことがあっても他人の厄介にならないだけの気概をもたねばならない。

東洋の習慣に独立自営ということが薄かったためか、的確にそれに対する教訓はほとんどないが、『論語』には、人に頼ってその助力を受けることはよくないという意味は述べてある。「君子は言に訥《とつ》にして、行ないに敏《びん》ならんことを欲す」とあって、自分のことを行なうにはあくまで努力しなくてはならないと教えている（里仁）。けれども「独立自営」という意味を主として説いたものは一つもない。

『大学』なども統治者のほうのことばかり詳しく述べてあって、国民のほうのことを言っていないのは、やはり東洋人の依頼心をうかがう資料とも言ってよかろうか。

しかし、昔からの教訓にそのことがあるにせよないにせよ、今日の時代は、自分一人にとっての独立自営は大いに必要である。弱い心を出し、他人に依頼しようとする心を改めるためには、たいへんよい教訓である。二十世紀の東洋人は、この新しい意義の教訓をその道徳の中に加え、その行ないが完成する努力をしてほしい。

2　本物の「逆境・試練」の克服法

〝逆境〟の九割は自分の努力不足、知恵不足が招いていると思え

世間では順境、逆境という言葉を簡単に使っているが、もし世の中が順調で、政治が正しく行なわれ、何事も平穏無事なら、順境とか逆境という言葉は不必要である。ときには運不運によって順境にも立ち逆境にも陥る人がないとは言えないが、多くはその人の努力が足りず、知恵が足りないところから逆境を招き、反対に知恵もあり思慮深く、場合に適応したやり方をする人が順境に立つのは自然の理である。

こうして見れば、順境とか逆境とかというものがこの世の中にあるのではなく、人の賢愚才無能によってわざわざ順逆の二境がつくり出されると見て差し支えない。

すべて人々の心がけによってつくり出されるものならば、これを天のなせるわざのよう

に順境である、逆境であるとは言えないはずである。大切なことは順境となり逆境となった理由・原因を突き止め、これにどう対処するかを根本から考えることである。

「順境を招く人」「逆境を招く人」、その覚悟の違い

では、人はどのようにして順逆の二境を生み出すのであろうか。私は二つの例を引いてこれを説明してみようと思う。

ここに二人がいるとして、その一人は地位もなければ富もなく、これを引き立てる先輩もいない。つまり世に立って栄達できる要素・条件がきわめて少なく、わずかに世を渡るだけのひととおりの学問だけはしていたとする。しかし、その人に非凡な能力があって、身体が健康で努力家で行動に節度があり、何をやらせても先輩を安心させるように仕上げるだけでなく、そのうえ予想外のことをやるなら、必ず賞賛されるに違いない。そしてこの人は政界にいても民間にいても、必ず何事か成し遂げ、成功する。ところが、この人の身分地位を側面から見ている世人は、一も二もなく彼を順境の人と思うであろうが、実は順境でも逆境でもなく、その人自らの力でその境遇をつくり出したにすぎないのである。

一方、他の一人は、生来怠け者で、学校時代には落第ばかりしていて、やっとお情けで

卒業したが、性質が愚鈍で不勉強であるから、職に就いても命ぜられたことが何もかも思うようにできない。心中には不平が起きて仕事に忠実さを欠き、上役に受けが悪くとうとう免職される。家に帰れば父母兄弟にはうとんじられ、家族に信用がないぐらいだから郷里でも評判が悪い。こうなれば不平はますます募り、自暴自棄に陥る。そこにつけ込んで悪友が誘惑すると簡単に非行に走り、とうとう行き着くところまで、行ってしまう。世人はこれを見て逆境の人と言い、またそれがいかにも逆境であるように見えるが、実はそうではなくて、皆自らが招いた境遇なのである。

孟子が梁の惠王を痛烈に諫めたひと言

もしその人に優れた知能があり、そしてさらに努力していけば、決して逆境にいるはずはない。逆境がなければ順境という言葉もなくなる。自ら進んで逆境という結果をつくる人があるから、それに対して順境などという言葉もできてくるのである。たとえば身体の弱い人が、気候のせいにして、寒いから風邪を引いたとか、陽気に当たって腹痛がするとか、自分の体質の悪いことは口にしない。風邪や腹痛になる前に、身体さえ鍛えておいたなら、気候のために病魔に襲われることはない。ふだんからの注意を怠っているために、病気を招くのである。それなのに病気を自分の責任にせず、気候を恨むなどは、自らつくった逆境を天のせいにするのと同一論法である。

孟子が梁の恵王に「王歳《とし》を罪することなくんば、ここに天下の民至らん」と言ったのも同じ意味で、王が自分の政治の悪いことを棚に上げて、歳（凶年）にその罪を着せようとするのは誤りである。もし民を心服させようとするならば、歳の豊凶を言わず、王の徳について反省しなければならない。民が服従しないからと言って、罪を凶作の歳のせいにして自分の徳の足りないのを忘れているのは、ちょうど自ら逆境をつくりながら、その罪を天のせいにしようとするのと同じである（『孟子』梁恵王・上）。とにかく世人は、自分の無能や努力不足を棚上げして逆境に陥ったように言う悪い癖があるから注意したい。

人生、どうにもならないぬかるみを歩かねばならないときの策

私は逆境などはないと絶対に言い切りたいのであるが、そこまで極端に言い切れない場合が一つある。それは知能才幹、何一つとして欠点なく、勤勉精励で人の手本と言われる人物でも、政界実業界には順当に志を遂げていく者と、反対に何事も意に反してつまずく者とがある。そして後者のような者に対して、私は真の意味の逆境という言葉を使いたい

のである。

世人が言うところの自らがつくり出した逆境と、いま私が言っている、自分の行動に欠点がなくても社会の風潮、周囲の境遇によって自然に逆境に立たざるを得なくなったのと比べれば、その差はどうであろうか。前者はそんな境遇に陥らないようにしようとすればその人の心がけ一つでどうにでもなる性質のものだが、後者はそれと同一に見るわけにはいかない。自分がどんなに頑張っても、社会の風潮、周囲の事情がこれを逆の方面に運んでいくので、ある意味において人力の及ばない点がある。つまり天命によってそうなったと覚悟しなければならない。このような場合にぶつかった人だけ逆境に対処する心得が必要である。私はこの意味での「逆境切り抜け法」を説こうとするのである。

時代の激しいうねりに巻き込まれることも真の逆境

これに先立って、真の逆境とはどんな場合を言うか、実例で一応の説明をしたいと思う。世の中は順調に平穏無事に行くのがふつうであるが、水に波があるように、空中に風の起きるように、平静な国家社会にもときとして革命とか、争乱が起こってこないとは断言できない。人もこのような変乱の時代に生まれ合わせ、心ならずもその渦中に巻き込まれるのは不幸なことで、こういうのが真の逆境ではあるまいか。そういう意味では、私もまた逆境に生きてきた一人である。

私は維新前後、世の中が最も騒々しかった時代に生まれ合わせ、さまざまな変化に遭遇した。維新のような世の変化に際しては、どんなに知能ある者でも、また努力家でも、意外な逆境に立ったり、あるいは反対に順境に向かったりする。私は最初は尊王討幕、攘夷鎖国を論じて東西に奔走していたが、後に一橋家の家臣となり、幕府の臣となった。そして外交団に随行してフランスに渡航したのであるが、帰国してみれば幕府は滅んで世は王政に変わっていた。この間の変化は、自分の知能の不足もあったであろうが、努力の点では自分の力いっぱいにやったつもりで不足はなかったと思う。しかし社会の変遷、政体の革新にあってはこれをどうすることもできず、まさに逆境の人となってしまったのである。その頃こそ逆境で最も困難な時代であった。

こんな大波瀾は少ないとしても、時代の推移につれて常に人生に小波瀾があることはやむを得ない。そしてその渦中に投げ込まれて逆境に立つ人もあろうから、社会に逆境は絶対にないと言い切ることはできないのである。

その際は、それのよってきた要因を正確に突き止め、それが人為的逆境であるか、あるいは自然的逆境であるかを区別し、これに対応する策を立てなければならない。

覚悟を決めて腹をくくり、天命を呑み込め

さて、逆境に立った場合はどのように対処すべきか。私はそれに対する特別の秘訣をもっていない。またおそらく社会にもそういう秘訣を知った人はなかろうと思う。

しかし私が逆境に立ったとき自ら実感したことと道理から考えてみると、もし誰でも自然的逆境に立った場合には、第一にその場合を自己の運命であると覚悟するのが唯一つの策であろうと思う。足るを知って分を守り、これはいかに焦っても天命であるからしかたがないと腹をくくれば、いかに手の打ちようのない逆境にいても、心は平静を保つことができるに違いない。

しかし、この場合をすべて人為的に解釈し、人間の力でなんとかなると考えると、いたずらに苦労の種を増すばかりか、骨折り損のくたびれ儲けとなり、最後は逆境に疲れて、後日の策を講ずることさえもできなくなってしまう。だから自然的な逆境の中では天命に安んじてじたばたせず、おもむろにきたるべき運命を待ちながら挫折しないで努力するがよい。

それに反して人為的逆境に陥った場合はどうするかと言うと、人為的原因から逆境を招くのは多く受動的でなく能動的であるということで、前の二人の学生の例によってはっき

りしているから、すべて自分で反省して悪い点を改めるよりほかはない。世の中のことは、自分からこうしたいああしたいと奮励さえすれば、たいていのことは目的を遂げられるものである。

自分のせいで逆境に立ったのならば、まず自分についてその原因の悪い点を直し、また天命でそうなったと自覚したら、焦らずに事と向かい合い、冷静に完全の道理を尽くすよりほかあるまいと思う。

3 「大事」に臆せず「小事」をなめない

失敗をよせつけず、神経を無駄づかいしない対処法

人の失敗は多くは得意なときにきざすもので、得意のときは誰でも調子に乗る傾向があるから、失敗はこの隙間に忍び込む。このことを忘れず、得意のときだからと言って気を

緩めず、失意のときだからとて落胆せず、平常心で道理を踏み間違えないように心がけることが大切である。それとともに考えなくてはならないことは「大事」と「小事」とについてである。

失意の時代なら小事にもよく気がつくものであるが、多くの人の得意の時代の思慮はそれと反し、「なに、これしきのこと」といったように小事に対しては軽くあしらう態度をとりがちである。しかし、得意時代と失意時代とにかかわらず、常に大事と小事とについての心がけを緻密にしないと、思わぬ失敗に陥りやすいことを忘れてはならない。

誰でも大事を目前に控えた場合には、これにどう対処すべきかと、精神を集中して緻密に思案するが、小事に対しては、頭から馬鹿にして不注意の中にこれをやり過ごしてしまうのが世間の常である。と言って箸の上げ下ろしにも心を配るほど小事にこだわるのは神経の無駄づかいというもので、なにもそこまで心を使う必要はない。また大事だからと言ってそうまで心配しなくてもよい場合もある。だから事の大小と言っても、表面から観察してすぐに判断してはいけない。小事がかえって大事となり、大事が案外小事となる場合もあるから、大小にかかわらず、その性質をよく見極めて、それなりの対応をするように心がけることだ。

“大事”には二つの算盤をはじいて当たれ

大事に対するにはどうすればいいかというと、まずこれを処理することが可能かどうかということを考えてみなければならない。しかし、それは人それぞれの考え方によるので、ある人は自分の損得は第二として、もっぱらそれをやり遂げることについて最善の方法を考える。またある人は自分の得失を先に考える。あるいは何物をも犠牲にしてもそのことの成就を必死に考える者もあれば、反対に自分を主とし、社会は眼中に置かない打算もあろう。

人はそれぞれその顔形が違っているように、心も違っているから同じようにはいかないが、もし私にどう考えるかと問われれば次のように答える。

事に対し、「どうすれば道理にかなうか」をまず考え、そして「その道理にかなったやり方をすれば国家社会の利益となるかどうか」を考え、さらに「どうすれば自分のためにもなるか」と考える。そう考えてみたとき、それが自分のためにはならないが、道理にもかない、国家社会にも利益をもたらすということなら、私はだんぜん自分を棄てて道理のあるところに従うつもりである。

このように事に対して是非得失、道理非道理を考えて、それから手を下すのが当を得た方法であろうと思う。しかし、一見してこれは道理にかなっているから従うとか、これは公益に反するからやめたほうがいいとか早呑み込みはいけない。道理に合いそうに見えることでも、非道理の点はないだろうかと、右からも左からも考えなければならない。また公益に反するように見えても、後々にはやはり世のためになるものではなかろうかと、深く突っ込んで考えなくてはならない。

“小事”ほどキチッとカタをつけておくことが大切

小事になると、悪くするとよく考えもせずに決定してしまうことがある。それが最もよろしくない。小事というぐらいだから、目前に現われたところだけではきわめて些細なことに見えるので、誰もこれを馬鹿にして念を入れることを忘れるものであるが、この馬鹿にしてかかる小事も積もったら大事になることを忘れてはならない。また小事にもその場限りで終わるものもあるが、ときとして小事が大事のきっかけとなり、一些事と思ったことが後日大問題を引き起こすことがある。はじめは些細なことであると思ったことが、少しずつ積み重なって最悪の結果をもたらすこともあれば、反対に一身一家の幸福となることもある。これらはすべて小が積もって大となるからである。

人の不親切とかわがままとかいうことも、小が積もってしだいに大となる。小事必ずしも小でない。こう見てくれば世の中に大事とか小事とかいうものはないのではないか。大事、小事の区別をしてとやかく言うのは、君子の道ではあるまいと私は判断する。大事である、小事であるとの別なく、事に当たっては同一の態度、同一の思慮をもってこれを処理するようにしたいものである。

そして、大事・小事に共通する〝肚の据えどころ〟

大事、小事にそえて一言しておきたいことは、人は調子に乗ってはいけないということである。「名を成すは毎《つね》に窮苦の日にあり、事を敗るは多く因《いん》す得意のとき」と古人も言っているが、この言葉は真理である。困難に対するときはちょうど大事に当たったと同じ覚悟でこれに臨むから、成功するのはそういう場合に多い。成功者と言われる人には、必ず「あの困難をよくやり遂げた」「あの苦痛をよく耐え抜いたものだ」というようなことがある。これが心を締めてかかったという証拠である。

一方、失敗は多く得意のときにそのきざしを見せている。人は得意時代には、小事の前に臨んだときのように、天下にできないことは何一つないの意気でどんなことでも頭から呑んでかかるので、ややもすれば目算が外れてとんでもない失敗をしてしまう。それは小事から大事を引き起こすのと同じである。だから人は得意時代にも調子に乗ることなく、大事、小事に対して同じ思慮分別をもってこれに臨むがよい。水戸光圀《みつくに》公の壁書の中に「小なる事は分別せよ、大なる事に驚かざる事」とあるが、まことに名言である。

4 禍根を残さぬよう「人を見て法説く」心くばりを

“恩を仇で返されない”巧みな叱り方

すべて人間は聖人でないかぎり過失はつきものであるが、これを責めたり忠告したりすることは非常に難しい。人間の世界はいろいろな階級や縁故で形づくられていると同時に、その気風も千差万別であるから、誰に対しても同じ態度、同じ言葉でこれを責めたり忠告したりすることはできない。自分の周囲には同輩もいれば目上の人もいる。志の同じ他人もいれば志の違う親戚もいる。境遇が同じ他人があるかと思えば、境遇が違う親友もあるといったように人を見て法を説かねばならない。ここが叱ったり忠告したりするのが困難なところで、父子のような親しい間柄でも、悪事非行を責めるのはあまりたやすいものではない。

『孟子』に「父子善を責むるは恩を賊《そこな》うの大なる者なり」というのがあるが（離婁《りろう》・下）、そのようにたとえ父子の間柄でも、恩を仇に思われることがままあるぐらいである。

しかし自分の部下はもちろん、たとえ身寄り、親戚、友人であっても、それらの人々の行為に誤った点があれば、それは自分の責任として、あくまでも忠告して直してやるようにしなくてはならない。ことに目下の者の過失に対しては細心の注意をして、極力その改心に力を注いでやるようにすべきである。その過失の責め方についてはどこまでも慎重に、相手の地位、境遇、年齢などに応じ、それぞれそのやり方を変える必要がある。あるいは温柔の態度で諷刺的にやる場合もあるだろうし、あるいは正面から猛烈に責める場合もあろう。けれども過失を過失と自覚させて改めさせることが、過失を責めることの主眼であるから、どんな方法でやるにしても、この目的に外れぬようにするのが、巧妙な叱り方である。

少しでも憎しみの心をもって叱るかぎりマイナスの効果しかない

過失を責める場合、まず第一に心すべきことは、その人に対して少しでも憎しみの心をもっていてはいけないということである。もしそういう気持ちで人を責めたら、せっかくの心尽くしもなんの効果もないものとなるだけでなく、ときとして禍根を残すことになりかねない。

たとえば、いかに千万言を使い苦心して忠告しても、それがかえって先方の心に反感を起こさせるようなことになれば、その結果はどうであろう。自分は親切心で忠告してやっても、先方はかえって自分を恨み、友人などならそれが動機で絶交もしかねないし、相手によっては自分に危害を加えるようになることがないとも限らない。また反感を起こさせることがないとしても、その責め方、忠告の仕方いかんによっては、相手の人は自分の過失を弁護して、過失を過失と自覚せずに終わることもあろう。このように相手が過失と知りながら、それを改めることができなかったら、いかに言葉巧みに忠告してもそれはなんの役にも立たないことになる。

人を諫めたり責めたりする場合の根本条件としては、いわゆる「罪を悪《にく》んで人を悪まず」という態度でしなくてはならない。相手に対する憎しみの心を一切捨てて、ただただその過失に向かって極力改善を勧めるならば、多くの場合反感を起こさせるようなことはなかろう。本当に真心を注いでその過失を責めれば「至誠天に通ず」で、自分の意志は必ず相手の心に届き、過失を改めてくれるであろう。もしどうしても先方がこれを改めないというのは、まだ自分の力の注ぎ方が足りないのである。相手が極悪の性格をもっていないかぎり、自分が誠心を示していけば、必ず良心に訴えて反省するに違いないと思う。人に忠告し譴責《けんせき》を加えようとする者は、この覚悟をもってするがよい。

相手自身に自分の過ちを気づかせる渋沢流・叱責法

自分の部下が過失をしたときに、これを責めることはなんでもないようであるけれども、実際はなかなか面倒なものである。仕事を怠けるとか、手落ちがあるとか、酒を飲みすぎるとか、女に溺れるとかいうことならば直接にそのことを指示して注意するという方法もあるが、私はそういう場合、なるべくその者に対して間接的に注意を与える方法を採る。

たとえば、過失で道具類でも壊した者があるとすれば、私はその者に「お前は○○の道具を壊したじゃないか」と真っ向からは責めない。その代わりふだんから「すべてのことに注意を怠るな。注意を怠ると事務を忘れたり、手抜かりがあったり、物を壊したりすることがある」と言って注意しておく。すると道具を壊したという場合、私がその過失を責めなくても「自分が道具を壊したのは悪かった。ふだんから訓戒されていた注意を怠ったからである」と自分で気がついて、多くの者は言われるまでもなくその後は十分に注意を払うようになる。

この方法が必ずしも最高手段とは言えまいが、実験したところでは結果がいいようである。

しかし、どんな場合にもこのような訓戒が最良ではない。時と場合によっては直接にその不心得を説き聞かせることが必要である。

たとえば大酒を飲む癖があるとか、心得違いがあるとかというような目立って悪いことは、心を込めて教訓するほうがよいように思う。同じ過失の中でも、悪い性質のものには速やかに事実を指摘してその不心得を諭すのである。

反対に仕事を怠るとか、物を粗末にするとか、遅刻するとかいうような本当の過失の場合には、はっきり指示して言うよりは、ふだんの心のもち方について教訓を与えておいたほうが、効果があるように思われる。

それではせっかくの好意が〝悪意〟になる

目下の者に対してはこのような方法を採れるけれども、友人や同輩に過失のあった場合にはどのように忠告すればよいか。同輩や友人である以上、部下を戒めるような態度はとれない。私はもしそれらが大きな過失であるとすれば、声をからして諫めたり、忠告を試みたりもしようが、ともかく人の性格に立ち入っては言えないし、進んで言いたくもないから、なるべく慎重な態度をとっている。しかし相手の度量が広くて天真爛漫ならば、率直に「君は近頃身持ちが悪いようだが、少し慎んではどうだ」ぐらいのことは言えないこともない。けれども私はそういうことを人に言うのを好まないし、人から言われることも好まない。だから真正面から言うよりは、ときに応じてさりげなく注意を与えてやるようにする。

たとえば、偏狭で人と協調できないという欠点がある場合には、その人に向かって直接に、「君にはこういう悪い性格がある」と言わないで、「人としてはこうありたいものだ」というふうに注意をしてやるのである。私は多くの場合、友人同輩に対しての忠告は面と向かって直言するということはなるべく避けている。こう言えばいかにも不親切に聞こえるかもしれないが、非常に悪い過失以外は、相手にわかる程度に諷刺するぐらいに止めておくほうがいい。いかに親密な間柄でも、直言して忠告するということは考えものである。せっかくの自分の好意も相手は好意としてこれを聞くというより曲解してしまう場合が多いものである。好意をもってした結果がそうなっては、かえって好意が好意にならないから、十分考えてしなければならないと思う。

一見〝回り道〟のほうが、ずっと近道のこともある

これは、過失とは性質が違うが、会社などの仕事で、意見の合致しない場合にはどうすべきかということである。こういうことは仕事をしているとよく出くわす問題である。そういう場合、どういう手段を採ったらよいか。

もちろん、そのことの軽重善悪によっては職務を賭して、是非曲直を論じなければならないが、多くの場合はなるべく円滑にいくようにするのが得策であろうと思う。とかく仕事というものは多人数の集合によって成立するものだが、さて多人数というのはなかなか面倒で、それぞれ顔形が違うように心も皆違っている。したがって多数の意見が合致しないということもよくあることなのである。多人数相手に自分の意見を通そうとするのは難しい注文であろうと思う。だからもし自分の意見を通したければ、多少回りくどくても婉

曲にもちかけるより方法はなかろう。私はかつて東京瓦斯《ガス》会社で、その配当を減らし積立金を多くしなければならないという意見を出したことがあった。

しかし、多数株主はこの意見を容れず、自分もまた多人数を押さえてまで自分の意見を貫きたいとは思わなかった。

世の中にはよく元老であることを笠に着て、あまり深い関係をもっていなくても、「俺が承知をしない」などと弱い者いじめをして、どこまでも自分の意見を通そうとする者もいるが、私はそういうことは絶対に嫌いである。私は自分の意見が通らないからと言って、この会社には一日もいたくないとまでに思い詰めたことはなく、むしろ一日も早く自分の意見に近づけたいと心配するだけだ。こう言えばいかにも自分の志を曲げているようにも見えようが、少しぐらい回り道をしても、いつかは自分の理想を実現させるときが来るようにと、ふだんからその心がけを怠らないようにしている。

人として世に生きる以上、誰でも過失がないとは言えず、違う意見をもたないとも限らない。そういう場合に私はこのような工夫で、いつもこれを処理してきた。処理できぬまでも理想としてきたところである。

5 自分をどこまで"つらぬく"か

服従と盲従、忠諫と反逆の違いをわきまえる

服従と反抗と言えば、前者は善意に解釈され後者は悪意に見なされるようであるが、服従が必ずしもよいことでなく、反抗が必ずしも悪いことでない場合がある。

私はここで服従と反抗の二つについて考えを述べてみたい。

服従とはどういうことか。社員が社長もしくは上司の言葉に服すること、子どもが父母や教師の訓育に従うこと、そして国民が国憲を重んじ国法に従うことなどもこの意味に含まれるものであろう。してみれば人には必ず服従がなくてはならぬものである。

しかしこの服従も、是非の分別なく一も二もなく人の説に同意したり、こびへつらったりするのはよろしくない。反対に反抗という言葉は、聞くだけでなんとなく悪い感じを抱

くが、これとても、ある場合には必要なことがある。たとえば会社の一社員としてその会社の悪いやり方などに対し、正当な道理で反抗して、悪を改めることができれば、反抗は決して悪事ではない。そういうわけで服従が必ずしもよいとは限らず、反抗もときによっては必要となる。

世事、仕事は〝杓子定規〟で計ってはならない

服従は、大は国民が国法に従い、小は子どもが親に従うことなど、すべてこの中に含まれるわけで、もしそれらが崩れると国家は法が行なわれず、社会は主従長幼の秩序が乱れ、家庭は円満平和を欠くだろう。それで服従すべき位置にいる人は、必ずこの道を守るのが自分の義務であると心得なければならない。

ただし服従に対しても、その年長者の命令が善であるか、悪であるかについては常に考慮しなければならない。そしてこれがまた非常に難しいものである。上司、先輩の定める規則が適当完全であればよいが、人間万事一つひとつ完全なよい規則を定めることはとても不可能であるから、ややもすれば杓子定規でいかねばならぬこともある。たとえば上司、先輩が、暑いときに布団、寒いときに団扇を持って来いと命令しないとも限らない。また

庭の真ん中へ井戸を掘れと言われても、主人の言葉なら背くわけにいかない。

水戸の光圀公は、「主人と親とは無理なるものと思へ」と言っているが、服従すべき側の者から見ると、とかく上司、先輩は無理を言うように思われる。そして、道理から考えれば間違いであるかもしれないが、国法を定め、あるいは社是を立てるうえには、絶対服従しなければならぬ場合があるから、光圀公のような賢者でもこういう言葉を残したものであろう。

人生には不条理の〝条理〟ということもありうる

さて服従がこのように必要であるならば、反抗はそれだけ不必要のものでなければならぬということになるが、その上司、先輩を深く敬愛しているならば、もしその指揮命令が不条理で上司、先輩のためにならないと思う場合には、反抗の必要も生じてくる。ましてその反抗が家にとって災害を防ぎ、国にとって乱れから守るためなら、反抗もまた大いに有益なものと言わなければならない。

では、反抗を必要とするのはどんな場合かと言うと、説明は難しいが、先決問題としてまず法と情との二つの区別からしてかからねばならない。法的に決められた命令には服従しなければならないことにはなるが、情のほうから言うときは、たとえそのような命令でも、道理に背くことなら、これに反抗しなければならないこともある。しかし国や公共団体に対して反抗が行なわれるのは、それこそ非常、変則の事態である。これが常に行なわれるものとすれば、最後は主従上下の差別がなくなってしまうからこういう状態はよろしくない。反抗には法と情との合理的な区別が大切で、この区別を間違えるときは反抗の価値を失ってしまう。

例をあげれば、赤穂四十七士は今日忠臣義烈の鑑と称えられているが、その行動を解剖してみれば、情においては反抗して吉良上野介《こうずけのすけ》を殺し、法には背いた行為である。もし、その前に幕府が喧嘩両成敗をしていたら、あの結果にはならなかったであろうが、浅野内匠頭《たくみのかみ》の殿中の抜刀の違法だけを責め、事態をここまで追い込んだ上野介の罪を問わなかったので、忠臣たちは法を犯して復讐した。

つまり義士たちは情のために法を犯して反抗を試みたのだが、忠臣義士と言われているのは、反抗が合理的であったからである。一方が悪いときは反抗の価値が生じ、非常に悪い場合には反抗が大いに必要を感ずるに至るものである。

私から見た「桜田門外の変」の妥当性

もう一例。安政七年三月、大老井伊直弼《なおすけ》が桜田門外で水戸浪士に斬殺されたのもそれである。この事件はもとより赤穂義士の場合とは違うが、反抗の極ここに至ったという点は一致している。そして彼らを賊とするか義士とするかは議論の分かれるところで、井伊大老が悪であるとすれば彼らは義士だが、もし井伊大老が正当であるとすれば賊の汚名をかぶらなければならない。

彼らの論点はこうだ。幕府が外国に対するのは一国の大事である。将軍の職にある者が天皇の命令を奉じて、その事を決するのが当然であるのに、それをせずに外国に返答したのは、井伊が悪い。しかも井伊大老は、幕府の政治はいちいち朝廷の命を奉ずる必要なしと、外国と仮条約を締結した。

この勝手な処置を見て、当時の志士たちはその横暴を口々に論じ合った。これに対して、井伊は近衛、鷹司らの公卿を罰し、橋本左内、頼三樹三郎、吉田松陰、梅田雲浜などの志士を一網打尽に捕らえたから、世を憂う人たちは井伊の弾圧を怒った。また、幕府へ攘夷の勅命があったと同時に、水戸藩へも勅諚《ちょくじょう》を下されたのに、幕府は水戸藩にこの勅諚を返上せよと命じたが、水戸藩はこの命令に従わなかった。そこで井伊はその命令に反抗する者を捕縛して罰したから水戸藩士は承知せず。法では幕府に服従しなければならないが、情では反抗せざるを得なくなって、ついに十八名の決死隊が桜田門外で井伊を倒した。この十八名はそのとき討死したり、その後刑死したりしたが、今日では志士として招魂社に合祀されたり、あるいは贈位された者が多い。

お手本のような上手な自己主張法もある

年長者に対しては服従が原則であるが、いつも是非善悪を判別する必要がある。そしてその命令に無法なことがあれば反抗も必要となろう。ただ反抗には細心の注意を払い、怒らさず、また論争にならない範囲でこれを改善させるようにしなければならない。

反抗しても反抗の形を表面に出さずに実際に成し遂げる方法があったら、それこそ反抗の理想形、反抗の手本と言ってよかろう。しかし、それにはふだんからの真心と誠意とが必要である。事が起こったとき急にそうしようと思っても、ふだんの心がけがよくなければ成功は難しい。日頃真心と誠意で事に当たっていれば、いざという場合にそれが非常な力となって自分を助けてくれるものである。

名君の大舜《たいしゅん》は、善己れに同じきときは己れを捨てて人に従ったという。反抗の場合、どこまでも我意を貫こうとすればしつこくなる。日常のことは無我の気持ちで年長者の言葉を聞き、もしその中に後日悪い結果を生むようなことがあったら、それだけに対して反抗するがよい。つまり反抗はやむを得ないからこそするというものでなければならない。自ら好んで波風を起こすようなことはしてはならない。

第七章

《強みを生かす》

天才や超一流の人が大切にする仕事の基本と気くばり

1　私が尊敬してやまない三人の天才、その仕事術

生半可な学問がないゆえに大きく花開いた「非凡な才能」

過去七十年間、私は各方面の人々と交際してきたが、その中で学問こそないが生まれついての才能が非常に発達した、非凡な人物が三人いる。それは三井家の三野村利左衛門、鉱山王と呼ばれた古河市兵衛、〝天下の糸平〟と自称していた田中平八。私はこの三人と非常に親密な間柄であったが、今はすべて故人となってしまわれた。私は今日に至るまで、この三人ぐらい無学でありながら、非凡の才能を備えた人はいまだ見たことがない。

無学と言うとなんとなく軽蔑するように聞こえるが、ここで私が無学というのは、正規に学校で学問をしていないという意味である。西洋の学問はもちろん、漢学も学ばなければ日本の学問も習っていない。私も規則的に学問をしたわけではないから、あるいは三人

と同類かもしれないが、私は学問をしていないと言っても、今の中高生に劣るとは思わない。ある専門の方面では大学を卒業した人にも劣らない自信がある。だからここで無学の人というのは、決して軽蔑の意味でないことを承知しておいてもらいたい。

さて三人は流儀がおのおの異なっていた。それぞれの性格は私と一致していなかったが、ただ学問のないことだけが三人とも同じであった。この人たちの学問の程度は、三野村は新聞の論説などは読みこなす力がなかったろう。古河も新聞は少し難しいところになるとわからなかった様子で、文字も金釘流《かなくぎりゅう》のまことに悪筆であった。田中に至ってはさらにひどい。三人が揃いも揃ってこんなに文才がなかったのに、そのやった事業は凡人の遠く及ばないところである。

たとえば三井家が今日の隆盛を見たのは、益田、中上川、その他の諸氏の力もあろうが、その端緒を開いたのは三野村であった。古河、田中の両氏もまたそれぞれ鉱山に投機に立派な成功をしている。彼らは天から授かった才能が非凡であって、学問以外に巧みにこれを発揮したのだと思う。

2　才略縦横――三井の大番頭、三野村利左衛門の仕事術

切れ者の小栗上野介に泡を吹かせた〝政治力〟

三野村は才略縦横で、単に三井家の番頭としてばかりでなく、彼に政治をやらせたら立派な政治家になったろうと思われた。三井家は明治維新の少し以前に、幕府から御用金を命ぜられたことがあったそうだが、それ以前にもしばしばそういうことがあって、調達した金額も少なくなかった。当時の幕府の勘定奉行は小栗上野介《おぐりこうずけのすけ》で、幕臣中でも剛毅果断の人であったから、もしこれを拒んだならどんな災禍が来ないとも限らない。それで三井両替店の重役斎藤純蔵の心配は一方《ひとかた》ならず、困り果てていたところへある人が三野村を勧めた。「彼なら必ずやり抜く」といったことが縁で、三井家のために活躍して、ついにこの危険な御用金を免れたということである。

その後明治七年頃、同業の小野組が破産したことがあったが、当時三井家は小野組と対立して営業していたから、破産こそしなかったが、その打撃は非常なものであった。しかしこの打撃にも耐えて今日の三井家をあらしめたのは、三野村が尽力した結果で、その功績は決して忘れてはならないものである。これらの事実を通してその人物を観測するとき、彼に政治家の素質があったことがわかる。

日本ではじめて銀行事業に目をつけた抜群の先見性

彼の在世中の「三野村の丸々」というのはたいへん有名な話であった。

それは何かある事物を説明するときに、丸をいくつも書いて相互の関係を図解するのである。たとえばここに中央の首脳部があるとすれば、その下に幾つかの部課がある、工業会社であれば庶務とか会計、製造とか倉庫とかいったようにあるものをいちいち丸で示し、ここに勢力を集めればここはどうなるとか、ここを押さえるとあそこはああなる、とかいうことをよく説明した。

学問のない人だから、図にはただ丸々を書くばかりで上下または左右の位置を示したが、図であるから実に一目瞭然である。これは今日西洋の書物などによく見かけることであるが、三野村の場合は決して西洋から得たわけではない。彼が丸を書き始めると、大隈重信をはじめわれわれの仲間は「三野村の丸々」が始まったと言って笑ったことがある。

すべて彼はこういうものの構成配置については生まれついての才能があった。

また学問がなかったにもかかわらず、彼の思想は進歩的で、時代に後れるようなことはなかった。人が目先のことしか見ないのに、彼は遠く将来を見ていた。

銀行の組織も彼は自分で考えついたが、学問のない悲しさで、これを実行する方法を知らなかった。ちょうどその頃私は大蔵省を退き、銀行を経営したいと思っていたところへ、彼から銀行事業をやってくれないかと相談があったので、この話はすぐまとまり、第一銀行が創立されたのであった。

当時三井が大株主の一つであったのもこの関係からで、後には三井と銀行とは関係がほとんど切れてしまったが、一時、第一銀行は三野村を通じて三井と深い縁故を結んだのであった。彼が西洋の学問はもちろん日本の学問さえなかったのに、率先して銀行組織の考えを起こしたことなどは、その思想が進歩的で、常人と違っていたことがわかるであろう。

すべては一流の〝世間学〟があったから生きた

人を見る目もまた抜群であった。大隈重信が政治家として傑出しているだけでなく、経済、財政の手腕もあることを見抜いたのも彼の眼識であった。また井上馨の財政経済の意見手腕を見込んだのも彼で、井上を訪問しては議論したりなどして、ついに井上と三井を結びつけた。もちろん彼の前後に、益田、中上川、早川もあってその関係を密接にはしたものの、その端緒を開いて三井を盛り立てたのは、彼の眼識の力と言わなければならない。そしてまた不肖ながらこの渋沢を見込んで、三井家との関係を深くしたのも三野村であった。

彼のもう一つの特技は、人と交際することが上手であったことである。悪く言えば彼は人に取り入ることがまことに巧みであった。とはいえ、なにも人にお世辞を言うわけではなし、軽薄でもない。人を魅きつけて離れさせないという一種の魅力をもっていた。また些細なことにも実によく気がつき、女中の世話もすれば燃料はどこから買うのがよいとか、こういうのを買わなくてはいけないとか、たいていの人なら見過ごすことにまで気がついた。そしてそれも重々しく言うのではなく、軽快で、聞いていても実に心地がよい。大事にもよく気がきくかと思えば、些事も決しておろそかにしたことがない。実に珍しくよくできた人で、だから人が自然と彼に近づくようにもなったのであろう。

私が欧州から帰国したときも、すぐ私を訪問してくれた。その後私が官界を去るときにも、彼は私に三井に入って同家のために働いてもらいたいと勧めた。しかし私は心に思うこともあったし、また人に雇われるのを好まなかったので、せっかくの好意も辞退したが、ともかく顧問というような名義で、当分の間何かの相談には乗っていた。

3 神がかりの自信――鉱山王、古河市兵衛の仕事術

〝桁外れのたくましさ〟はいかにして培われたか

古河と私とは明治三年以来の懇意で、死ぬまで親しくつき合っていたから、その人物性格等についてもよく知っているが、生まれつききれいな心の、性質も至ってよい人であった。彼の生地は京都の岡崎村で、家はごく貧乏な豆腐屋の息子であったと聞いている。彼

と私との関係は、交際は密であったが趣味は違っていた。彼は商人風で大いに金儲けをしたいという考えで、多少投機心もあったらしい。これは、と見込みをつけたことがあれば分不相応なこともした。もとより学問が少ないから見聞と言ってもきわめて狭かったが、その自信の強さは、いまだかつて他に類を見ない。

彼は最初小野組の糸店の丁稚《でっち》で住み込み、しばらく盛岡の支店に勤めていたが、維新前に東京に呼び戻され、小野組の糸店の主任となった。確か明治五年頃のことであったと思うが、彼はフランス、イタリアなどの養蚕地でカイコが不足しているということを聞き込み、「外国人からカイコ種の輸出をせよと勧められたが、どんなものであろう」と私のもとへ相談に来たことがあった。そして全国のカイコ種の約半分を買い占めて、これを横浜の商館を相手にして売り大いに利益を得たということであった。その後、人をイタリアにやって直輸出を図り、また米の買い占めもやったことがある。

彼はすべてこのように見込みをつければ、一攫千金を狙って飛び離れたことをやり、大胆な計画を実行するというふうであった。

小野組は明治五、六年頃に全盛を極めていたが、あまり手広くやりすぎたために、明治七年には破産しなければならぬほどの悲運に陥った。当時の小野組は営業が二つに分かれていて、銀行部は小野善右衛門自らこれを取り仕切り、糸店のほう（名目は糸店でも米や鉱山などにも手を拡げていた）は古河の主宰で、その部下に浅野幸兵衛以下の人々がついていた。そして私が経営していた第一銀行は、小野組が百万円の大株主であったから、私もそれを信用して百四十万円ばかりの貸し出しをして、これの抵当として、本店からは第一銀行の株、糸店からは生糸や米を提供してあったが、それについて別に確固たる契約書を取ったわけでもなく、いわば信用貸しのようなものであった。ところが小野組が突然破産するという苦境に立ったので、私は実業界のため、また銀行のため非常に心を痛めた。

気持ちの切り替え、変わり身の早さも偉大な能力

そのとき古河が私のところへ来て言うには、

「私もいろいろご配慮をいただいたが、小野組もとうとう存立がおぼつかなくなってきた。ついては小野組が破産するために、あなたにご迷惑をかけ、銀行を潰すようなことがあってはすまない。私の借用金は信用貸しとはいえ、これだけの仕事であるからこれだけの金融をしてもらいたいと言って借りたのであるから、手続きこそ不完全でも品物は抵当も同様である。だから私のほうにある財産を糸でも米でも鉱山でもすべて差し出すから、すぐ

にでも正当な処置を取ってください」

と申し出て、先方から進んで抵当権の設定を請い、この倉庫の米が何俵、この生糸がいくつというように、貸金に相当するだけの抵当物を提出した。

そのために第一銀行は大した損失もなく、危険を乗り越えることができたのであった。

ふつうの者なら、破産となれば品物を隠したがるのが人情である。しかし彼は隠すどころか、自ら進んで抵当物の提供を申し出て、必ず損をかけないようにすると言った。いかにも立派な態度ではあるまいか。誠実で勇気のある者でなければ、とうてい真似できないことであろうと、深く彼の性格に感じ入った。

またその頃のこと、私は古河とともに柳橋の升田屋という遊船宿へ遊びに行った。自分のほかに小野組の浅野幸兵衛もいたと思う。そのとき彼はこれまでいろいろと世話になった礼を述べて言った。

「私は銀行に金を預け入れる者でなく借り出す一方で、いつもご厄介にばかりなっていた。しかし小野組は破産しても今までのご高誼には背かないつもりである。しかし自分がまことに残念に思うのは、私の管理する糸店は年々好成績を上げているのに、本店の為替方が営業を誤ったから、今みすみす閉店しなければならないことだ。私の過失というわけではないが、小野組が破産すれば私も破産者の一人に数えられる。事業の成績が悪いのならしかたないけれども、よい事業をやりながらこんなことになってしまった」

と、さすがの古河も声を上げて泣き出した。

あのぐらい自信の強かった者が、こらえきれずに泣き出したので、私も気の毒になってもらい泣きをしたが、さらに言葉を改めて、

「何もそんなに嘆くことはないではないか。自分が破産させたわけではなし、お互いにまだ若いから今後とも大いにやろうではないか。このぐらいのことで泣くようでどうする。大志ある者は大成を将来に期待しよう」

と言って大いに励まし慰めもした。当時の光景を今も思い出す。

小野組はとうとう破産してしまった。古河は一方の親分だったから、それなりに貯金もしていたが、それは一切会社に預けてあったから受け取ることもできず、彼もまた取ろうともせず、裸一貫で小野組を去ったのである。無一物で出た彼は、明治八年にまた無一物で自分の事業を始めた。そのとき私にも相談に来て、鉱山事業がいちばん面白いから、自分は一生をこの仕事に投じるつもりだと語り、そのスタートとして新潟県の草倉銅山に手を出した。もとより古河は無資本であるから、このとき第一銀行から二万円ほど融資したように覚えているが、幸いにも、この鉱山が当たり、しだいに彼の運命が開けていった。

私も見習った精神的挫折をまったく知らない〝図太さ〟

鉱山にかけての古河は実に非凡な能力をもっていた。そして強固な自信をもって、ただ一心にこれに従事し、あらゆる地方に手を出した。草倉で成功して間もない頃、四国の島本仲道という人からある銀山を買い入れたことがある。

そのときも銀行に融資を頼んできたが、私は危険な事業だから思いとどまってはどうかと、こんこんと諫めたが聞き入れない。結局五万円ばかり融資したが、この鉱山はまったく見込み外れで大損をした。私は「それ見たことか、言わないことではない」となじったが、彼はいっこう平気なもので、「そんなことを言っても無理です。鑑定違いで運悪く外れたまでで、このぐらいのことで失望するようでは仕事などできません」と言って、意に介したふうにも見えなかった。私もなるほどと言ったきり二の句は継げなかったが、鉱山事業にかけての勇気と大胆さとは実に素晴らしいものであった。

それから私が非常に驚いたことは、彼が鉱山の様子を詳細に知っていることであった。今日なら図にとってあるから誰でもひと通りはわかるが、三十余年前の鉱業界はそんなに進んだものではなかった。ところが、彼は足尾銅山について坑内の模様をこと細かに知っていた。坑道の方向はどう走っているとか、支柱法がどうとか、坑内の運搬法など手に取るようにわかっていて、まるで足尾銅山が古河の頭脳の中にたたみ込まれているように見えた。学問はないが、鉱山のことになると技師以上であった。

彼の終生の事業であった足尾銅山には、私もいろいろ関係をもっていた。足尾は長い間掘り続けた山で、明治九年頃、佐賀県の副田欣一という人の所有であった。この人は士族で鉱山を手広く経営していたが、金が乏しかったので岡田平馬という人が資本を出して営業を続け、一時所有者と営業者とが別人であった。それもうまくいかないので、明治十年頃に古河に売り渡しの相談をかけてきた。もちろん彼は欲しいが、これを買い取るだけの資本がない。そこで相馬家と私と三人で三万円ずつ出資し、仕事は古河が引き受けてやることにした。

ところが副田と岡田との関係が右のとおりであったので、古河がいよいよ引き受けるという段になって苦情が起こった。権利は誰にあるとか、山を渡すの渡さないのと互いに争って果てしない。幸いに岡田も私の知人、副田も第一銀行の取引先、三人とも私の知り合いであったので、その仲裁を私が引き受け、ようやくのことで円満に解決させた。

ところがこの山は古く掘り続けただけに、坑口が蜂の巣のようになっていた。それで世間は、「古河はどうしてあんな山を引き受けたのだろう」とか、「あんな山をやっても失敗は見えている」とか、非常に非難した人もあったそうであるが、彼は別に見るところがあったものと見え、どんなことを言っても耳にも留めず、仕事をどんどん進行させた。最初は損をし続けて、採算は取れなかったが、そんなことに頓着したり挫折したりするような者でないから、行けるところまで行ってみるという決心でやっていた。そのうちだんだんよくなって、ついに今日の大成功を遂げたのであった。

彼はいつも私のところへ来て、「あなたのおかげであの山を引き受けることができて、幸いに儲かるようになりました。今度はこれだけの利益がありました」と言って私の出資に対する配当金を自分でもってきてくれ、そのたびごとに非常に喜んでいた。それから私にも実地を見ろと勧めたので、明治十二年に行き、また十六年にも行ってみたが、山の規模はしだいに大きくなるばかりであった。

失敗しても愚痴をこぼさず猪突猛進

古河の性癖として、鉱山に熱中しすぎるというところが少しあった。これも事業好きの結果なのだろうが、なにしろむやみと山を買い込む。その買い込み方も非常に大雑把なやり方で、たいていは一目見ていい加減に鑑定を下し、どしどし買い取ってしまう。精細に調査研究する場合もあったが、それは例外で大雑把にやるのが常であったから、私なども心配して、一時は山を買うことをやめるように忠告したこともあり、また口約束では安心できないから、あまり事業を拡張しないようにするという証書を書かせたこともあった。しかし古河のこの癖は容易にやまず、鉱山事業ばかりはどんな先輩の言葉でも決して聞かなかった。一度自分で見込んだら最後、なんと言われても勇往邁進、とことんやらなければ止まらず、これで損害を被ったこともある。

あるとき群馬の沼田で二十万円ほどの鉱山を買い取ったが、後に欺されたのだとわかった。けれども、彼は平然たるもので、欺されたのだからしかたがないと言って少しも愚痴をこぼさなかった。そして欺されるのはしかたがないが、よいと思うほうへはそんなことに懲りずに進んでやるべきだと自分で言っていた。みすみす二十万円を失ったことを知りながら、欺されたものはしかたがないと見切りをつけたところなど、凡人の及ぶところでない。

ふだんこんなことも言っていた。

「自分はこれからも自分の資力の許すかぎり、生命の続くかぎり、あくまでこの事業の拡張を図るつもりである。この事業のためならば日本だけでなく、外国へも手を伸ばしてみたい」と。

こんなふうであったから、私はあるとき各鉱山の所長が出京した機会を利用して、その人たちを兜町の事務所に集め、「古河にはなるべく事業を勧めないようにしてくれ」と忠告したことなどもあった。彼はまことに珍しい進取の人で、鉱山にかけてはほとんど猪突猛進であったと言ってよい。

カナクギ文字で精一杯手紙を書く大誠意が、人も運も呼んだ

古河は学問のない人で、文字もきわめて下手であった。それでも必要な手紙は必ず自分で筆を執り、決して代筆させたことがなかった。受け取った手紙も、難しい文字は読めなかったと思うが、それでもいちいち点検して返事だけは書いた。事業を非常に手広くやっていたから数多い手紙のやりとりも容易でなかったに違いないが、すべてを自分でやっていたその気力は実に非凡なものである。

生まれつき潔白な人で、金銭上で人に迷惑をかけるようなことは決してなかった。金を儲けることは非常に好きであったが、ふつうに交際していても少しもそんなふうには見え

なかった。そしてときどき、「人は運、鈍、根の三つが必要だ」とか「耳朶《じだ》（耳たぶ）が肝心だ」とか妙なことを言っていた。野蛮なところもあったが、「大欲は無欲に似たり」とでも言うのか、とんと金儲けをしたいというふうは見えなかった。第一銀行は最初から彼のために金を融資していたが、長い年月の間、ただの一度も利子を負けてくれと言ったことがない。銀行から計算書を送れば、彼は銀行の言うままを信じ切って、どんなに苦しい場合でも必ず都合して利子を支払った。また寄付金とか共同出金とかいうことがあって、他人が逃げているようなときでも、自分から進んで引き受けたことが多い。

世間のたいていの人は、人を訪問するとき何か土産物をさげて行き、そして先方の機嫌を取るのがふつうだが、古河はそんなことをしなかった。いわゆるおつかい物をしたことはきわめてまれであったけれども、それは金を惜しんでのことではなく、そういうことが嫌いなのであった。私の先妻は義太夫が好きであったから、彼はときおり義太夫語りを連れて来て、「奥様、今日はお好みの某をつれて来ました」と言って、一晩、愉快に遊んでいった。しかしそんな場合でも、少しも気持ちの負担を感じさせなかった。とにかく学問のなかった人としては、珍しく天才を発揮した人であった。

4 豪放不羈《ふき》——天下の糸平、田中平八の仕事術

〝天下〟を自称する者の侠気、自負心

田中は前の二人に比べれば、ほとんどその流儀が違っていた。無学でありながら非凡の才能をもっていた点は同じだが、豪放不羈の性格はとうてい二人の及ばないところだった。生まれは信州飯田の近在で、少年の頃から国事に志をもち、上京したのも単に金儲けをしようというだけではなかったという。もし志を得たならば、彼も志士として名を上げたであろう。

私が彼と交際を始めたのは大蔵省に入ってからであったが、非凡な人物であることは早くから知っていた。それゆえ自分と流儀がまったく違っていたにもかかわらず、終始親密に交わり、彼もまた深く私を信じたものと見え、病気が重くなったとき、後のことを託さ

れた。

田中は侠客肌の人で投機心に富んでいた。ちょっとしたことでもすぐにそれを投機に利用した。しかし投機をやるからと言って、なにも欲張るというのではなく、むやみに金を貯めたいというのとは違っていた。その頃はまだ学校とか貧民救助とかの公共事業がなかったから、そういう種類のことに出資はしなかったけれども、今日まで生きていたなら必ずこれらに喜んで力を貸したと思う。そして有益な用途があれば、何にでも惜しまず金を出したに違いない。

自ら〝天下の糸平〟と称していたぐらいで、一種の侠気を帯びていたから、その気位の高かったことは非常なもので、なかなか人に屈しなかった。当時役人と言えば、昔の武士のように威勢がよかったが、彼は少しもこれを怖《おそ》れなかった。役所に出頭したときだけはしかたなしに頭を下げたこともあるが、それ以外は、役人など眼中に置いていなかった。

そのやり方があまり極端なので、あるとき私は、「君のように役人を怖れず実業家として気位を高くすることは立派である。私が実業に従事しているのも、実業家の地位を高めたいからだ。だから君のやり方を悪いというのではないが、道理によらずただ我流を通そうとするのは困る。役人に対してはそれなりの礼儀をもって接したらよかろう。君のように馬鹿呼ばわりをして互角に交わろうとするのは、侠客ならいざ知らず、実業家としてはよろしくない」と言って忠告したこともあった。

私が失敗しないのは、事業に金を出すのではなく、人物に出すからだ！

明治の初年、横浜にドル相場が立った。ドル銀と紙幣との相場である。ところが明治四年頃、二分金が非常に下落して紙幣で二分金を買えば、百万円について六万円ぐらいの利益がある見込みであった。当時私は大蔵省で井上侯（次官）の部下だったが、田中が来てぜひドルの買い入れを引き受けさせてくれと言うので、井上侯に相談して、あとで二分金が上がっても損失の責任を負うかと念を押したうえ、彼にドルの買い入れを引き受けさせることにした。その頃は今日と違い、会計法の規定もなく、ただ大蔵大輔（次官）の承認を得ればそれですむという簡単なものであった。ところがその後金が上がったので、彼はドルの買い入れに困り、大損害をこうむることになったのである。

後で会ったとき、「渋沢さんは実にひどいことをする。ヨーロッパ経済の変動を知っていながら私が損するのを見ていた」と文句を言ったが、私は「実は私も知っていたのではない。君があまりに海外の商売にうといからである」と笑ったことがあった。

相場にかけては思い切ったことをやった。その部下にも相当な人物が少なからずあった。

私は元来投機的なことは大嫌いであるから、彼に会うとときどき相場をやめるように忠告したけれども、どうしてもやめなかった。もっとも晩年は病気であったためでもあろうか、あまりやらなかったらしい。私は友人として常に相場をやめろと忠告したり、その欠点を遠慮なく言ったりしたが、第一銀行は彼を得意先として終始変わらず取引をしていた。

堅実を尊ぶ銀行が、相場師を得意先とするのは不安のように思われるけれども、私はその人物を見込んで少しも危険を感じなかった。そして彼もまた一生を通じて、取引上、私に迷惑をかけたことは一回もなかったのである。

「人間の規模」が桁外れに抜きん出ていた傑物

ふだんでもなかなか気位が高かったが、酔うとまた格別であった。座敷の真ん中に大あぐらをかき、左右に芸者などをはべらせ、大言壮語して喜んでいた。平常は私に対しては多少敬意を払っていたが、酔うと、「渋沢、こっちへ来い」などと横柄なことを言うことが多かった。また酒に酔うとずいぶん悪戯《いたずら》もした。

いつであったか、作家の福地桜痴が私のところにやってきて、「今度田中を懲らしめる計画があるが、困れば必ずあなたのところへ相談に来るに違いない。もし来たらあなたも相談に乗って困った、というふうにして彼を懲らしめてやってください。こうして彼のあの悪戯をやめさせたい」と言って帰った。

ほどなく、田中が非常に心配そうな顔をして来て言うには、「今回とんだことが起きて自分は逮捕されるかもしれない。もしそうなれば一生の恥になるから非常に心配だ。何かよいお知恵はありますまいか」と深刻に悩んでいるらしい。

私は福地の策略的中とは知ったが、素知らぬ顔して事情を尋ねると、彼は真面目な顔で、「先夜あなたと飲んだとき、あなたのお帰りの後に、私が何か芸者に対して悪戯をしたということで、弁護士を頼んで私のところへ訴訟すると言ってきた。なんでも刑事上の罪人になるかもしれないと言うが、私はそんなに悪いことをしたとは思わないが、……困ったことになった」と言って大いにしょげている。

私はここぞとつけ込み、「よく事情を知らぬからわからないが、場合によったら誣告罪《ぶこく》となるかもしれない。そうすればたいへんだぞ」と言って、一緒に心配するふりをしたので、田中はますます困り果ててしまった。そこで私は、「困ったことだが放ってはおけぬ。私が中に立って口を利いてあげよう。そのかわりもう今後は芸者などを今までのような無理いじめしてはいかんぞ」と言った。彼は喜んで、「もうそんな悪戯は決してしません」と誓った。

その後、これは一場のつくりごとであるということが知れたので、彼は私のところに来て、「あなたまでが真面目な顔をして実にひどい」と言って笑ったこともあった。彼にはこんなふうな話ならいくらでもある。

とにかく学問の面では何事も知らなかったが、性格は豪放、人間の規模において非常に抜きん出たところのある傑物であった。近頃こういうふうな大きな人物は、残念ながらあまり見ることができなくなってしまった。

第八章

《習慣》夢と成功を実現する最高の方法

1　自分の人生、いかに楽しむか

「天下の英雄の人生の楽しみ」「凡人の人生の楽しみ」

ひと口で楽しみと言うが、これを仔細に考えれば、なかなか複雑なものである。人間が違えば楽しみも違ってくる。老幼、男女、賢不肖というように、老人と若い者、男と女、賢い者とそうでない者とは、おのおの楽しみが異なっている。また動物でさえ楽しみが違っている。ひとつかみの粟で満足する雀もいれば、野獣を獲ろうと狙う鷲もいる。彼ら動物はただ食欲を満たせば足りるのだが、そこにもおのずからそれぞれの楽しみがある。

人間であってもやはり同じことで、天下の大政治家、大実業家と言われるような英雄と、その日暮らしの庶民とでは楽しみが違う。それは個々別々の楽しみであって、これを広く「人生の楽しみ」と見るには、あまりに部分的に過ぎて総合的でない。私は「人生の楽しみ」、人間として誰にも共通性ある楽しみを述べたい。

本物の精神修養に裏打ちされた本物の楽しみ

人生の楽しみは、物質的に求めるものと、精神的に求めるものと、また物質と精神の両者相《あい》まってその間に楽しみを求めるものとがある。わかりやすいことからいけば、物質上のことから楽しみが得られることが少なくない。第一に、衣食住をはじめとして、それに満足を得られなければ、人はとうてい楽しみを得ることはできないであろう。

一例をあげれば、暑中に扇風機の設備があって涼を納《い》れることができるとか、氷水を飲みたいときにはすぐ誰かがこれを運んでくるとかいうようなことは、誰でもこれを快いこととしているが、もし猛暑のときに涼風もなく、渇きを癒すのに冷たい茶もなければ、常に不足不快なものである。この理屈から、立派な邸宅を構え、庭園を築き、衣服を華美にし、飲食に贅沢をするというようなことは、それなりの楽しみということができる。

しかし、そういうものに楽しみを求めず、「常に心を淡然の域にほしいままにし神を至誠の境に馳《は》す」とか、または『論語』に「疏《そ》食を飯《くら》い、水を飲み、肱《ひじ》を曲げてこれを枕とするも、楽またその中に在り」（述而）と言うように、もっぱら精神のほうから楽しみを求めようとする方法もあるが、これは常人には難しく、やはり一般的にはある程度まで物質的な楽しみが必要である。だから多くの人はまず物質的に満足を得ることに心がけるのであろう。それをするにはまず十分に刻苦勉励し、知識を増進して社会で活躍するのが唯一の方法である。

とはいえ、物質的に満足さえすれば誰もそれだけで楽しみを得られると思うのは誤解である。食は腹を満たすに足りるというくらいの生活の中にも楽しみはあるし、食べるに八珍（ご馳走）を並べても楽しみとならない場合もある。これは心のあり方一つによって分かれるところで、人は精神的に完全であれば、物質的には欠ける点があっても楽しみを得られるものである。だから、人の心の修養訓練が十分にできていなければ、たとえ金殿玉堂に寝起きして、ご馳走を食べても楽しみとはならず、不平不満はいつも胸中にある。

だから真の楽しみは心のもち方を第一とし、物質的満足を得ることを第二とし、結局、精神と物質との中和を得たものが、すなわち人生の目指す楽しみというものであろう。

人生を心から楽しむための最高の良薬

真の楽しみが得られる唯一の眼目である精神のもち方、心構えはどうすればよいか。

私はこの問題に対しては、「足るを知り分を守る」という一言をもって答えたいと考えるのである。およそ人の欲望は際限のないもので、一を得て二を欲し、隴《ろう》を得て蜀《しょく》を望むのは人世の常である。だから不足不満はどんな人の心中にも常にあり、これで満足、これで十分だという安心を得た人はまずいないと思う。ただ精神的修養のある人とない人によって、この気持ちに大小厚薄の別がある。

欲望の少ない人、薄い人は、不平不満の中にいても不平の度合いが薄い。欲念の多い人、厚い人が、不足不満の中にいれば不平の度合いが強い。そうしてこの度合いを量ることが楽しみを得るうえにおいてもまた大切なことである。

「足るを知り分を守る」は、そこを指して言ったもので、常に自分は不足不満の中にいても、これで満足である、これで十分であるとの諦めがあって、その分を守ることができるならば、人生の楽しみもおのずからそこに生じてくるわけである。道歌に「事足れば足るにまかせて事足らず、足らで事足る身こそ安けれ」とあるように、足りないがちの中で事足りる身となれば、楽しみを得る策としては最も要を得たものと言える。

しかし、これは東洋哲学の領域から出た思想であるから、ややもすれば消極的な解釈を与えて、「足るを知り分を守る」というのは進歩を妨げる思想である、保守的な言葉であると反論する者がないとも限らない。なるほどちょっと見たらそう解釈できないこともないが、よく考えてみれば楽しみと欲望とは同一の道ではない。いつも足るを知ってその分を守る間にも、一面に平和の進取的欲望をもたねばならないことで、これは人生に欠くことのできない要素である。

けれども欲望も、これを達そうとするために世の中のすべてを不足に感じ、まだ足りない、まだ及ばないというように際限なく行くときは、ついには欲望の炎が炎上して他人の成功を見て猜忌心《さいきしん》（そねみ嫌う気持ち）を起こし、嫉妬心を抱くようになる。だから一方において、常にその場合の現在に対して足るを知り分を守る心がけをもち、極端な欲望を抑圧してふだんの楽しみを得るようにすることが大事である。仏教に「貪《どん》（欲）」「瞋《しん》（いかり）」「痴《ち》（無知）」を去れということがあるが、人生の楽しみを得るための最高の良薬となる。

「楽しみ」と「希望」を同一視、混同してはならない

ここで戒むべきものは、楽しみと希望とを同一視する考えから起こる弊害についてである。人生における楽しみの必要性を考えると、一方に苦しみも伴う活動があるから、それに対して楽しみの必要性が起こってくるわけで、活動のないところには楽しみもその必要

を感じないはずである。だから人生の希望と楽しみとは別々に考えなければならない。ややもすれば人生の希望は楽しみを得るためであると解釈し、楽しみを得て人生における一切のものと差し引きしようとする者もある。けれどもそれは大きな誤解であろう。

人生の目的は別にあり、それを達すべく活動する間に楽しみの必要性を感じてくるのである。楽しみを得るのは、足るを知り、分を守るのがよいとはいえ、人生の目的に対してまで言うたとえではなく、そう考えて一時の楽しみを得ようというまでである。そういう心がけでいても、人生の目的に対しては別に絶え間ない欲望をもっているわけであるから、そのために発達進歩を阻害され、消極的な人物となり終わるという心配はないはずである。すなわち足るを知り分を守ることを忘れないと同時に、平和な欲望も忘れてはならない。

人生の目的とは、要するに一つの欲望を達しようとする心の代名詞である。欲望を人の心から取り除いたならば、おそらく社会の発達、進歩は望めないだろう。けれども欲望にも程度があり、貪欲、邪欲などは決して正しい欲望ではない。穏当な欲望、平和な欲望、公正無私の欲望でなければ、欲望はかえって害をなすものである。だからこの区別を明らかにして、その判断を誤らないように心せねばならない。そうしてそういう必然的な欲望を断つことなく向上、進歩に志すとともに、また常にその〝程度〟に安んじることに心を使うがよい。「君子は終身の憂《うれい》ありて一朝の忿《いかり》なし」という言葉があるが、これは、明らかに楽しみと安らぎの真味を悟った言葉だと思う。

楽しみながら知性を磨き人格を修養する最高の方法

楽しみを得るには、これに「趣味」を加えねば無味乾燥となる。趣味のある人生の楽しみ方とはどういうものであるかというと、古器物や書画を鑑賞し、あるいは茶をたて花を生け、歌俳諧や詩文を詠むとか、または木石を集め庭園を築いて楽しむとか、いくらでもある。そしてそれらは楽しみ方としてはいずれも悪いことではないであろう。けれども私は、それらよりも書物を読むことを第一の楽しみとしている。

これは単に心を楽しませるばかりでなく、生活を妨げない程度に読めば、精神の向上の助けともなるという一挙両得がある。したがって楽しみながら知を磨き、人格の修養ができるから、楽しみ方としては最も利益のある方法であろう。書画骨董の蒐集に楽しみを求め、あるいは邸宅庭園の建築に楽しみを求めることもいいことだが、誰にもできることではない。それからまた書画骨董のようなものに大金を投じて、自分一人の楽しみにしようとするのはいささか考えもので、一品に大金を投じるよりも、それを社会的事業に活用したほうが、公衆に役立つから有意義である。

それに反して読書の楽しみは資金を必要とせず、そうして誰にでもできる方法である。これは私も実践していて、その利点のあるのを知っているから、この有利にして一挙両得の楽しみ方を世人にも勧めたい。

2　頭と身体のバイタリティー創出の秘訣

頭の働きをよくする娯楽、ダメにする娯楽

人生の楽しみと相まって考えてみたいのは娯楽であろう。娯楽は楽しみを得るための一つの方法だが、人生にとって非常に大切なことであるから、これを軽く考えてはいけない。娯楽と言うとその意味を単純に遊ぶことというように、きわめて低いレベルで解釈しているが、これは見当違いである。もっとも日本の旧来の習慣から考えてみれば、欧米諸国とは大いにその風俗が違うから、娯楽と言っても多くはよいほうの遊びが少なかった。欧

米で言うところの娯楽の意味と、日本在来の娯楽の意味とはややその解釈が違っているから、娯楽に対してまだ世間一般が偏見を抱くのも無理もないことだと思う。私がいま娯楽と言うのは、欧米人が「よく働き、よく遊ぶ」と言っている、その「よく遊ぶ」というほうを指したものである。

娯楽がなぜ人生にとって大切かと言うと、人間の精神にも体力にも一定の限度があるもので、百年不休にこれを働かすことはできない。頭や身体を大いに働かせる代わりに、また大いに遊ばせたり楽しませたりすることがなくてはならない。人間は活動的であると同時に、一方にはこれを慰め楽しませる娯楽がなくてはならない。

人は誰でも大きな活動をする反面、大きな娯楽を得ようとする欲望がある。すなわち娯楽は「活動のもと」とも言うべき価値あるものだから、できるかぎり健全な娯楽を選び、それによって楽しみを得るようにしたい。

私は旧時代に育った人間であるから、今日の学生がやっている野球やテニスなどのような、西洋式の娯楽は何一つ知らない。かと言って俗曲を歌い、舞踊をやるというような娯楽もない。ただ人と話したり、新しい仕事の計画を立てたり、ふつうの人が仕事というようなことを娯楽としてきた。娯楽としてはきわめて平凡なものである。本来的な意味の娯楽として私は庭園が好きである。そこへこう道を通し、ここへはこう樹を植えるとか、石の配置をこうして、樹の枝ぶりはこうするとか。あるいは木に芽が萌えた、草に花が咲いたとかいうことを楽しみとするのは、心を慰め元気を養ううえに大きな力があるものだと思う。

若いときの〝後遺症〟に悩まされた私の生産的娯楽論

けれども私の娯楽の中にははなはだよくないものもある。あの維新前後における社会秩序の混乱時代を過ごしてきたので、悪い娯楽を覚えたのだが、若い時代の習慣はなかなか抜けないもので、今日まで尾を引いている。私は過去の経験から娯楽のようなものについても、やはりはじめが大切であると思う。

一度習慣になったことはなかなか改められないものであるから、娯楽でも悪い習慣をつけないようなものを最初から選ぶことが大事であろう。ことに娯楽は悪いほうのものが面白い。よいことは心の刺激が少ないから面白くない。それでややもすれば人は悪い娯楽に染まりやすい傾向があるけれども、それも習慣的にある程度までは抑制することができよう。一度その面白味を知ると、これをまた味わってみたいというのが人情である。だから克己心のある人は別にして、そうでない者は最初から悪いものには接しないように、それを習慣にしてしまえば善良なる娯楽になんら不足を感じないようになる。

また世間には資力があるに任せて大金を投じて、一枚の絵を購入したり、温室をつくって世界中の草木花卉《かき》を集めたりしてこれを世に誇る人もいる。それらは同じ趣味ある娯楽には違いないけれども、私は贅沢な娯楽には同調したくない。すべて足るを知り分を守って、娯楽を求めなければならないと思う。

遊びにも一生懸命になれる人ほど仕事もよくできる

西欧人の娯楽が比較的屋外主義であるのに反し、日本人の娯楽が四畳半式であることは、なんと言っても一歩後れていると言わなければなるまい。欧米人は老若男女の区別なく大勢の中に出て、ほとんどわれを忘れて遊ぶ風習があり、すべて娯楽も公開的なものが多い。たとえば公園で各種のゲームをして遊ぶとか、あるいは野外運動を行なうといったように、何事も大仕掛けでかつ開放的である。

その遊びを比べてみると、外国人は多く一生懸命に遊んでいる。一度娯楽を始めればもはや他の何事も顧みず、心をそれに打ち込んで遊びに熱中するように見える。見えるばかりでなく、事実彼らは熱中してしまうのである。それなのに日本人の遊び方はそうではない。仕事には熱中してやる者もいるが、遊びに向かって熱中してやる者は少ない。従来それをよい風習としていたからだ。しかし私は、仕事を一所懸命にやるのはもちろんだが、遊ぶにも一所懸命にやり、この間に画然たる区切りを立て、きちんとやるのがよいと思う。

現在、日本人の遊びを見ると、遊んでいるのか怠けているのかわからず、ひどいのは仕事しているのか遊んでいるのかわからないような者もある。これはまことに面白くない風習ではあるまいか。日本人の常として、青年時代には遊びらしい遊び方をする者もいるが、中年から老年になると老け込んでしまい、欧米諸国で老人が平気で屋外運動をやっているのと対照的だ。これらは風俗習慣の違いだから、すぐには改められないが、欧米人が老年でも青年に譲らない元気な点は、日本人もこれを見習いたい。

とにかく娯楽は遊ぶ意味だと言って、これをなおざりにしてはならない。娯楽の場合にも精神を込めるべきである。遊ぶ場合に精神を込めるのは、やがて仕事の場合にも精神を集中してやるということになる。

何事によらず心を集中してやるということは最も大切なことで、心を散漫にするのはそのことに対して不利益なだけでなく、何事においても達成はおぼつかない。欧米人の「よく働き、よく遊ぶ」という風習は大いに学ぶべき点であるから、日本人もこれに習い、娯楽をどこまでも価値あるものとするようにしたい。

3　自分の血となり肉となる読書法

読書の真髄は「心記」にある

古人は読書法について、たくさんのいい教訓を残している。

『古文真宝《こぶんしんぽう》』に「勧学文」として、古人の学問を勧めることに関する詩文をたくさん載せてある。いろいろ立派な教訓の言葉が多い。王荊公《おうけいこう》が「書は官人の才を顕《あらわ》し、書は君子の智を添う」と言い、また「貧しき者は書によって富み、富める者は書によって貴《とうと》し。愚なる者は書を得て賢く、賢なる者は書によって利あり」と述べている。柳屯田《りゅうとんでん》は「学べばすなわち庶人の子も公卿となる、学ばざればすなわち公卿の子も庶人となる」と言っているし、また韓愈《かんゆ》が「賢愚同一の二人の少年も、学ぶと学ばざるとによって、一は龍となり、一は猪《い》となり、一は公相となり、一は馬前の卒となる」というようなことを例として説いているのは、あまりに現実主義的ではあるが非常に面白い。

また王荊公は、読書する場合の心得を「好書は心記に存《あ》り」と喝破している。なるほどこれはもっともなことで、万巻の書を読破した者でも、読んで心に残らぬようなら、一冊を十分に記憶する者にかなわないわけである。ゆえに読書の中心は「心記」(心に刻みつける)にあるに違いない。読書家がしっかり心すべき言葉ではないか。

大きく、深く――この二つの方法をうまく使い分けてこそ読書上手

さて、読書の方法はどのようにすべきか。これについてはいろいろ工夫があろうが、私はまず読書する人によってこれを区別したほうがよいと思う。つまり学者志望の人の読書と、他業に従事して忙しいさなかにある者が暇を見て読書する場合とは、おのずとその性質が違う。もしこの両者が同じ方法で読書すれば、一方は不満足で一方は散漫となる。また一方は専門家的にならない恐れがあり、一方には忙しくてほとんど用をなさないという欠点がある。

学者になろうという目的でする読書には、よく調べ深く考えることを主としなければならないし、また綿密精通ということも必要であるが、一般の読書ではひとわたり事実が把

握できればよい。たとえば歴史を読む場合でも、学者的な読書なら、時代についていちいち精細にこれを知る必要があり、話が出ればなんでも知っていなければならないというような方法でなければならないが、一般的な読書は趣味としてこれを読むとか、あるいは何か必要が生じてこれをひもとくとかというぐらいのことにとどまっている。だから読書法も専門家とそうでない者との二つによって、おのずから二種類の工夫が必要となる。読書家は、まず書物に向かう前にあらかじめ自分の立ち場を考え、それぞれの要求を満足させるようにして書を読むことが肝要である。

“読書時間”は、こうひねり出す

また読書する時間についても考えなくてはならない。学者ならば書を読むことが仕事であるから、読書の時間はいくらでもあろうが、事務家になるとなかなか読書の時間というものがない。古人も「暇あるを待って書を読めば、必ず読書のときなし」と警告をしているとおり、あるいは「折々に遊ぶいとまはある人の、いとまなしとて文読《ふみ》まぬかな」と古歌でからかわれているように、ふつうにしていては簡単に読書の時間をつくることはできない。

私も読んでみたいと思う書物が常に机上に山積みしてあるが、これを読む時間がない。それゆえ少しでも時間があれば机に向かって読み、寝る間も読み、車の中でも読むことにしている。古人も「読書三上、馬上、枕上、厠《し》上」と言って、昔の勉強家は牛を追いながらも書物を角《つの》にかけ、薪につけて歩いても読んだという。とにかくどういう方法にしても読むことができさえすればよい。そしてこの間にも「心記」が最も大事な点で、また精密詳細に読み込む方法と、ほどよく知っておくだけの方法との差も心得ておいたほうがよい。

「玉と石」を見分ける

世間で出版されている書物の種類は数限りなく多く、それぞれ専門的なものもあるから、どんな書物を読むのがよいか、それをいちいちここで指示することはできない。これは読む人の心の問題である。読書方法の場合、前述の二種類に区別することはもちろんだが、どんな書物でも書物ならなんでも読んでいいというものではない。読む書物がよくなければ、せっかくの読書も効能はない。また専門に属するものでも、書物によってはただ博識だけにつとめ、無用の記事が多いものもある。それで「ことごとく書を信ずれば書なきにしかず」と孟子も言っている（『孟子』尽心《じんしん》・下）。書物の選択は読書の際に最も大切なこと、そして最も困難なことである。

私は学者ではないから学者ふうの読書法を論じる資格はない。そして書物の選択に関してもその知識はないが、処世に役立つ読書なら自分にも経験があるから、気づいたことを少し述べてみよう。

書物は数多くあっても、すべてが必ずしも役に立つものばかりとは言えない。そこでこれらの中から、玉と石とを見分ける眼が必要である。目的が処世上必要な書物ならば、第一に心がけることは、倫理修身に関する優れた書物を選んで読むのがいい。たとえば四書五経（『論語』『大学』『中庸』『孟子』『易経』『詩経』『書経』『礼記』『春秋』）などこの要求を満たすに十分なものだろう。これで人の人たる道を知ることができる。

次に知識を磨く書物が必要になってくる。すなわち地理とか歴史とか理化学とかいう類である。また工学なら電気とか蒸気とかそれぞれ違いはあろうが、それらの書物を読むにしても、ただ漠然と読み、散漫に終わってはいけない。前もって十分に下調べをして目的をもって書物の選択をし、そして効率的な読書法をすることが必要である。その他、娯楽的な書物を読むこともまた必要で、文学書などはよいものであるならば、娯楽を得るとともに、一方では人間の品位を高め、思想が磨かれるから、これも処世上、大いに必要な書物と言える。

「心に刻み込める」のは、精読か？　多読か？

読書法で、精読がよいか、多読がよいかよく議論するが、これはその人の性質、その人の仕事によって違ってくることで、また必ずしも精読とか多読とか一方に決めつけなくてもよいのではないか。専門家ならば精読が必要であろうが、ときとしては多読しなければならない場合もあろう。多読も「心記」が十分ならよいはずであるし、また多くの書物にわたって、その要点だけ摘出して精読しなければならない場合もあるから、多読精読、どちらがよいと決められない。読書家の性格や職業と相談して、その人によって適宜に自分で決めるのが、良策であろう。

私などは境遇上精読のできないほうであるが、自分にとって金科玉条となるべき種類の書物は精読に努めている。私の愛読書は『古文真宝』で、これには修身上のこともあれば哲学的なこともあり、あるいは叙景的な文もあれば風雅の文章も載せてあるから、常に好んで読んだもので、今ではほとんど暗記するまでになっている。

また修身的な書物では、『論語』『孟子』などは精読したほうで、学者に負けないつもりでいまも研究している。しかし、それらの数書以外はまったく精読ができかねるので、やむを得ず、ひとわたり知っておく程度の読み方をしている。読書は修身に役立てようとして読む場合は困難・苦痛を感じるのは当然であるけれども、楽しみながら読めば自然に佳境に入ってかなり読めるものである。楽しんで読むということも、確かに読書法の大事なことの一つである。

『論語』に「これを知る者はこれを好むにしかず、これを好む者はこれを楽しむものにしかず」とある(雍也)。読書法に応用できるよい教訓であろう。

4 常に心安らかな「忙中に閑あり」の気の持ち方

「稼ぐ」と「余裕なく暮らす」の大落差

ある人が私に、「俗に『貧乏暇なし』という諺があるが、これはどういう意味か。貧乏人に暇がないと言うけれども、今日の世は金持ちのほうが多忙を極めている。それとも貧者の心に余裕がないことをこう言ったのであろうか。心に余裕をもたない人は、結局金持ちにもならないから、この解釈ならわかるが、あなたの見解を聞きたい」と尋ねた。

私は、次のように答えた。

「『貧乏暇なし』という意義を平たく解釈すれば、貧乏人はいつも忙しいということであろう。この言葉に対する疑問は、貧乏人は金持ちになりたいと考えて努力をするから、暇がないというのであろうか。ならば彼らはいつもなぜ貧乏をしているのかということである。俗に『稼ぐに追いつく貧乏なし』という諺もある。稼ぎ続けて暇もないほど働けば、これに追いつく貧乏はないはずである。すると貧乏人は稼がなくてはならないから暇がないというのは、矛盾ではないか。つまり『稼ぐに追いつく貧乏なし』と『貧乏暇なし』の諺とは矛盾している。稼ぐという字は暇もなく働くという意味で、余裕なく暮らすという意味と大きな差異がある。この二つの意味から比較考察すれば、『稼ぐに追いつく貧乏なし』のほうは、寸暇を惜しんで働けば前途に光明を見出すという暗示を含んでいるが、『貧乏暇なし』のほうは貧乏に甘んじて余裕なく暮らすという意味で、暗闇である」

知恵も工夫もなかったら時間はつくれない

このように私の「暇なし」の解釈は、努力のために暇がないという意味ではなく、心の落ち着くときがなく、精神が安定しないありさまを形容して言った言葉で、暇とか、余裕とかというものがないことである。

もしも聖人君子なら、いかに貧困に陥り窮乏に迫られても、心に安心立命があるから、心に変動を生じることはない。「忙中おのずから閑《かん》あり」と言って、常に余裕もあれば暇もあるものである。しかしそういう心に余裕のない者は、知恵も才能、工夫も足りないのだから、いつも目前の小事に煩わされて、懸命にその日を送るので暇などない。そんな人間だからまた貧乏もするという意味であろう。

少しの時間も惜しんで働き、精励努力するから貧乏を追い払うことができる。すべて自分の仕事に対し、誠心誠意努力すれば貧乏にはならないという意味で、「稼ぐに追いつく貧乏なし」と言ったものであろう。

もし私のこの解釈が誤りでなければ、この諺は真理である。要するに「貧乏暇なし」を、文字の形容から言えば「綽々《しゃくしゃく》として余裕あり」の正反対で、「稼ぐに追いつく貧乏なし」とはまったく反対の意味をもっているのである。だから「貧乏暇なし」ではなく、「稼ぐに追いつく貧乏なし」の意気で、日常の仕事に励むことを心がけられたい。

私が感激したセオドア・ルーズベルトの名演説

しかし、金持ちになると言っても一日にしてなれるものではない。ならば富を得る心がけはどうすべきか。

『論語』に子貢が孔子に向かって、「貧にして諂《へつら》いなく、富みて驕るなきはいかに」と質《ただ》したのに対し、孔子は「可なり。未だ貧にして楽しみ、富みて礼を好む者にしかざるなり」と答えている（学而）。これは貧者、富者の心得として金科玉条であろう。

富める者が驕らず礼を好むのは、衣食足りて礼節を知るということで、富者の当然行なうべき道であるが、貧者はいろいろな事情があって、富者のようにすることは難しい。しかし目前の誘惑を退け、安んじてその分を守り、いたずらに富者を憎悪せず、さりとて富者にへつらわず、ひたすらその分を楽しんで、将来のために奮励するのが、貧者の尽くすべき道理であろう。

かつてアメリカの大統領セオドア・ルーズベルトがフランスでの演説で、私の理念と一致した次のような言葉を述べたことがある。

「富と権勢とをたのんで多数を圧倒するのは、富と権勢とをねたんでこれに妨害を加えるのと、その罪悪は同じで、ともに最も憎むべきことである。ゆえにこの二つに対しては、富者と貧者との別なくその罪悪が起こらないようにしなければならない」

まことに名言である。私はこの言葉を聞いて『論語』と窮極の原理は一致するであろうと思った。私はひそかに、東洋の聖者の語と西洋の偉人の言とその考え方が同じであるのは偶然ではないと知ったのである。

私の希望するのは、天下の貧者が誰も「暇なし」から抜け出すことである。「稼ぐに追いつく貧乏なし」の意気込みで努力すれば、国家に貢献することも多く、自分も窮地から脱して富裕の境地に到達することができるのである。

5　集中力をつければ、桁外れの忙しさも楽に乗り切れる！

〝一事全力主義〟で事に当たるから、かえって精神は疲れない

ふだん私は人に接し物に触れるごとに、精神を集中してその人と語り、その事を処理するように修養してきた。たとえばどんな人物に接する場合でも、相手の貴賤上下に関係なく自分の精神を打ち込んで話し、また事を処理する場合にも、その事がどんなに大きかろうが小さかろうが一切関係なく、皆同じように心を込めてこれを処理するのである。これは自分一人が実験していいと認めたところで、誰にも必ずいいかどうかはその人々の流儀によることで、私と同じ結果を得るとは言えないかもしれない。けれども多くの人にとって、必ず私と同じよい成績を上げることができるはずだと私は信じている。

なぜならば人に接し事を処理した後、省みて心中一点のやましいところもなく、愉快で

あったら、それはどこから見ても悪いはずはない。私が人に接して快感を覚えるのなら、他の人も私と同じ感じを抱かれるに違いないから、私が経験していいと感じたことはまた他の人も必ずいいと感じると思うからである。

「私という人間」をつくり上げた精神集中法

何事に限らず、前のことを考えながら次のことを処理していくのは、ちょうど人から話を聴きながら目では本を読んでいるのと同じで、方法としてはいかにも一挙両得であるが、実質は決して得るところのないものである。

ただし非凡な人物で、頭脳が二、三倍に働く者ならあるいはできるかもしれないが、ふつうの人はそういう器用なことはできない。とはいえそれも程度のあることで、ちょっとしたことなら人と語りながら、仕事をしながらでもわかる。たとえば「誰さんがただいま来ました」とか、「何々をどこへ置きます」というぐらいのことなら誰でも困らないだろうが、複雑な話を聴きながら複雑な書物を読むというようなことはとても私にはできない。

これは前のことを考えながら後のことを聴いたりしたりすれば、全身の精神をその一事に注入することができなくなるから、その話にも仕事にも隙間が生じる。それだけでなく人に接しながら本を読む、物事を考えているというようなことは、第一その人に対して礼を欠くばかりか、相手になった人の気持ちも不愉快である。だから人に接する場合は、必ずその精神を打ち込んで他になんらの思考もなく、ひたすらにそのことに当たるのが最もいいと考え、そのように実行している。

以上の理由から自分は長い間そういう気持ちで人にも接し物事をも処理している。私がそうする根本精神はどんなものであるかと言うと、自分はただ自分の道徳心に訴え、これは人間として守るべき本分であるという自覚から、その事の大小にかかわらず、人物の上下を問わず、自分の向こうに立つ人に対しては、満身の誠意を集中してこれに接している。

私はこの精神を抱いてから長い年月が経って、自分ではもはや一つの主義のようになっているつもりであるが、自分でばかりそう合点していただけでは効力が薄い。もしそれが多少なりとも世人に認められ、「渋沢はこれこれの主義である」と言われるようになっているとすれば、私の本懐これに過ぎるものはない。

しかし一つ困ったことは、私は人と話すとき、とかくくどくなりがちで、思わず知らず時間を潰してしまう。それで八時と九時と十時とに約束した人があれば、順繰りに遅れて、九時の人は九時半となり、十時の人は十一時になっていく。これは自分の悪習でよくないことと思っているが、それも一長一短で、人に長く待たせたと言って小言を言われても、いざ面会すればそこに一身の精神を集中させてしまうから、取り返しはつくと思う。

苦い経験からつかんだ大いなる真理

私も若い時代にはなかなか負けん気でいろいろやってみたもので、二つの仕事を一度にやり上げる習慣をつくりたいと考えたのであった。ところがそんなことが簡単にできるわけがない。脳の支配を二つながら一度に完全にするというようなことは、常人の力ではできないことである。それについて私の失敗談を一つお話ししよう。

青年時代に私は読書しながら人の話を聞くとか、手紙を書きながら他の用事を命じるとかいうようにいろいろ練習を積んでみたが、かなり難しかった。

自分が大蔵省にいたときのことであったが、井上勝氏と会見して、鉄道に関する予算案について評議した。そのとき自分は別に大蔵省の規程書をつくらねばならない急な用事をもっていたので、例の手段をここで応用し、井上氏と相談しながら、一方では規程の草案を読んでいた。すると井上氏は私の態度に不快感を抱いたものと見え、「いったい君の読んでいるものは何だ。鉄道に関する調査書か」と突っ込んできた。

私は正直に「これは大蔵省の規程書だ」と答えたら、井上氏は大いに怒って、「君は人を馬鹿にしている。人と話しながら物を読むのは失礼じゃないか。それでは私の言うことが君にわかりはすまい」と本当に不機嫌であった。しかし私は負けん気だから、「わからないことはない、ちゃんとわかっている。お話しになった問題はこれこれであろう。わが輩は眼と耳とは別々に働かせているのだ」と言ったら、井上氏も当惑して、「たいへんなことを言うね」と、しまいに笑って別れたことがあった。

これは自分が負けん気でやってみたものの、いつもそんなことができるものではない。やはりいかなる仕事に当たっても精神を集中してやるに限ると悟ったから、その後はそういう生意気なことはやめてしまった。

以上は主として人に接し、ことを処理する場合の心構えであるが、今度は何か心配があって心を休めることのできない場合について私の経験を述べよう。

何か気になること、心配なことなどがあって神経を休養させることのできない場合に、私は常に気分転換策を講じて精神を鎮めるようにする。これも人によって方法が違うのはもちろんのことで、長唄を唄うとか一節を語るとかいうようにして、がらりと精神の置きどころを転換させ、今まで考えていたこと、気にしていたこととまったく別な方向に気を向かせるのがいい。私は朴訥な人間でそんな風流を解しないから、自分にできる範囲のことで気分を転換するようにしている。

たとえば庭を散歩して十分か二十分間を過ごす。この間にあちらこちらと回りながら、この木の枝振りが悪くなったから切らせようとか、花壇の花にこんなものが欲しいとか、この道はこう曲がらせたほうが面白いとかいうように、なんでも庭のほうに心を入れてしまうのである。とかく人の心は移りやすいものであるから、そうしているうちに花を見れば気が晴れもするし、樹木から道の配置を眺めれば、知らず知らず自然界に同化されて気がのんびりする。この間に自然と精神は休まるのである。

このような方法は他にいくらでもあるであろう。私はその日の新聞を読んだり、新刊の雑誌など開いて見たりすることもある。この方法は庭を散歩するのに比べれば、多少は精神を使うけれども、まったく方面違いのところに心をもっていくから、ぼんやり考えていることなどよりもよほど有益である。

何が起きても「大安心の人生」を生きる秘訣

細かなことにもとやかく心配し、先の先まで取り越し苦労をして、しきりに精神を傷めている、いわゆる苦労性もあれば、自分に責任ある仕事にさえあまり気にかけず、どちらかと言えばずぼらに過ぎる者もある。人の心とは言え十人が十人同じものではない。そして自分はどんなものであろうかと推察してみるに、私はあまり事物に対して心配しないほうだが、さりとて放漫に流れるようなこともしないつもりである。

世の中には「自然の成り行き」ということがある、言葉を換えて言えば「天命」というものがある。いかに人間が悶え騒いだからと言って、人間の力の及ばない点はどうすることもできない。だからいわゆる「人事を尽くして天命を待つ」で、自分の尽くすことだけ尽くしたら、それから先は天命に任せるよりしかたがない。たとえばいままで元気でいた人でも、急に雷が落ちて死なないとも限らない。地震があって家屋の下敷きにならないとも限らない。こんな場合には、いかに人間が考えても及ばないではないか。

私もすでに七十の坂を越しているが、もし不幸な運命であったならば、いままでに何度となく危害に遭ったかもしれない。それどころか私は自ら進んでしばしば危険な場所に臨んだことがある。若い頃には燕趙《えんちょう》悲歌の士を気取り、悲憤慷慨《ひふんこうがい》して方々を歩いたものであった。その頃の自分の感想は、畳の上で安楽死するのは男子の恥辱だと心得ていたぐらいだ。そして三十歳頃までは何度となく窮地や死地に遭遇したが、幸いにして無事に今日あるを得たのは、これすなわち天命だと思っている。

人間界のことはいかに心配したからと言って、なるようにしかならないものであるから、無意味な心配はなんの役にも立たない。それよりも尽くすだけのことを尽くし、それから先は安心して天命に任せておくほうが賢い。

人間の安住は「仁」の一字に帰着する。いやしくも仁に違《たが》わぬだけの決心をもって事に当たり、人に接するならば、いつも安心を得て心中綽々《しゃくしゃく》たる余裕を保っていられる。

人事を尽くすとは、とりもなおさず仁を守るということに当たるので、これさえできれば一切の解決ができてしまうものである。

そして天もそういう人には必ず味方するだろう。

解説

現代日本の基礎をつくった渋沢の「仕事の夢、人生の夢」実現法

竹内　均

この本は、明治四十五（一九一二）年に同文館から出版された渋沢栄一著『青淵百話《せいえんひゃくわ》』をもとに、そのエッセンスをまとめたものである。青淵は渋沢のペンネームである。

渋沢栄一は天保十一（一八四〇）年に武蔵国血洗島（現在の埼玉県深谷市）に生まれた。渋沢家は代々の豪農であり、養蚕の他に地方の特産物である藍玉の仲買や質屋もしていた。父は教育に熱心で、ただ一人の男の子である栄一に子どもの頃から四書五経を習わせた。栄一が一生『論語』を愛読するきっかけは、このときにつくられた。

嘉永六（一八五三）年のペリー提督の来航をきっかけとして、日本の将来に対する不安と動揺が高まった。文久三（一八六三）年に、尊王攘夷運動に尽くすため勘当してもらうことを父に頼み、父はやむを得ずこれを許した。京都へ出た栄一は、代々尊王の家柄とし

て知られていた一橋（徳川）家の慶喜に仕えた。ところが慶応二（一八六六）年末に、その慶喜が十五代将軍となり、渋沢は進退に窮した。

その渋沢に、弟昭武に従ってパリで開かれる万国博覧会に出席せよとの命令が慶喜から下った。これは彼にとっては願ってもないチャンスであった。慶応三（一八六七）年はじめから明治元（一八六八）年末に至る約二年間をかけて、渋沢は、フランス・スイス・ベルギー・オランダ・イタリア・イギリスなどを巡って資本主義文明を学んだ。彼の尊王攘夷論はすっ飛んでしまった。帰国した彼は、静岡へ退いていた慶喜のもとで、藩を主体とする会社に似た組織である「商法会所」をつくって成功を収めた。その成功に注目した大隈重信の説得で、彼は新政府に移り、大蔵省に出仕した。しかし明治六（一八七三）年にここを辞め、かねての念願である民間ビジネスに全力を注ぐことになった。

この年に彼は日本最初の近代的銀行である第一国立銀行をつくり、間もなくその頭取に就任して以後四十数年間この職に留まった。彼はまた多くの株式会社をつくり、他人にもその設立を勧めて力を貸した。こうして抄紙会社（後の王子製紙、一八七三）、東京海上保険会社（後の東京海上日動、一八七九）、日本鉄道会社（後の東日本旅客鉄道、一八八一）、共同運輸会社（後の日本郵船、一八八二）、大阪紡績会社（後の東洋紡、一八八二）、東京瓦斯会社（一八八五）、東京ホテル（後の帝国ホテル、一八八七）、札幌麦酒会社（後のサッポロビール、一八八七）、石川島造船所（後のＩＨＩ、一八八九）などの株式会社が次々に誕生した。この間三井財閥と密接な関係を保ち、その相談役を務めた。明治十一（一八七八）年には東京商法会議所（後の東京商工会議所）をつくり、長い間その会頭を務めて、ビジネスマンの地位の向上と発展に尽くした。明治四十二（一九〇九）年の古希（七十歳）の祝いを機会に、彼はすべての関係会社から引退し、大正五（一九一六）年には実業界から完全に身を引いた。

それ以後、彼は以前から関係していた病院・教育・国際関係などの社会・公共事業に専念した。たとえば教育関係では、彼は東京高等商業（現一橋大学）・大倉高等商業（現東京経済大学）・高千穂高等商業（現高千穂大学）・東京女学館・日本女子大学校（現日本女子大学）・早稲田大学と関係した。

この本の中にもしばしば出てくるように、彼は『論語』を基礎として事業を営むことを考え、『論語講義』と題する本も書いている（『渋沢栄一「論語」の読み方』『孔子 人間、どこまで大きくなれるか』『論語 人間、一生の心得』として三笠書房より刊行）。

その頃盛んだった、戦争が国の富を増すという考えに反対した渋沢は、国際的秩序は自由な経済競争によってのみもたらされると主張した。この点で彼はアメリカ合衆国を敬愛し、日米両国の親善に努めた。その彼を悲しませたのは、大正十三（一九二四）年に排日移民法がアメリカの連邦議会を通過したことであった。

明治二十三（一八九〇）年に帝国議会が発足したときに、彼は貴族院議員に推薦され、三十三年には男爵、大正九年には子爵を受けた。昭和六（一九三一）年、彼は東京飛鳥山の自宅で満九十一歳の生涯を閉じた。

さて、本書の内容に少し触れてみよう。

まず渋沢は、今日という一日を熱く生き、いついかなる場合にも後悔しないための処世の秘訣、志のもち方を説く。一日一日を精一杯生きることこそ渋沢人生哲学の基本理念である。

また、『論語』や武士道といった算盤《そろばん》や経済とは関係のなさそうなことが、実は大いに関係があると述べ、「社会のため人のため」と考えた行動や仕事ぶりが結局は利己的な目的にもかなうとしている。

さらに人間関係の大切さにも言及し、「益友」を近づけ「損友」を遠ざけるには、「知・情・意」をコミュニケーションの原点とせよと説く。そうしてこそいい仕事ができると言うのである。そして自分自身の経験だけでなく、無学でありながら成功した彼の三人の友である三野村利左衛門・古河市兵衛・田中平八のエピソードも織り込んでいる。

最後に渋沢は、逆境・試練をどう克服し、仕事でどう夢を実現させるかを説く。苦難にあっては腹をくくり天命を呑み込む心のもち方を、順境にあっては「小事〟を大切にする心構えを諭す。また、夢と成功のためには〝一事全力主義〟で臨めと教える。

こうして見てくると、渋沢の人生哲学は、われわれが忘れかけていた何かをよみがえらせてくれるのではないだろうか。

このように渋沢は、明治大正時代の日本をリードした優れた経済人である一方で、孔子の『論語』を中心とする人の道を説いた啓蒙家でもあった。いや、この言い方はむしろ逆であって、彼自身が孔子の説いた人の道を実行した優れた人格者であったればこそ、彼は明治大正時代の日本の経済界をリードすることができたのであろう。経済人である彼の説く人の道は、一部の学者の説く理論だけの人の道ではなかった。彼の言うところを実行しなければ、やがては一般の社会や経済界で他人からの信用を得られなくなるといった、いわば実利的、実践的な人の道であった。それだけに彼の言うことには説得力がある。

彼の説く人の道をわかりやすく言えば、勤勉・正直・感謝ということになるだろう。これを実行すれば、やがては自分の好きなことだけをやりながら、自分のためにもまた他人のためにも役立つ仕事をすることができる。これこそが理想の人生、本当の自己実現というものである。

渋沢栄一年譜

年号	年（西暦）	月	事跡	年齢 数え年
天保	一一年（一八四〇）	二月	一三日、武蔵国血洗島村（現在の埼玉県深谷市血洗島）に生まれる。	一
弘化	二年（一八四五）		この頃より書物に興味をもち始める。	六
嘉永	六年（一八五三）		祖父と一緒に藍葉を仕入れに出かけ、商才を発揮して、上質の葉を安く仕入れてくる。	一四
安政	元年（一八五四）		叔父と江戸行。書籍箱と硯箱を購入。硯箱、高価なため父より厳しく叱責される。	一五
	二年（一八五五）		姉の病気平癒の祈禱に来た霊媒師のインチキを見抜き、追い返す。	一六
	三年（一八五六）		父の名代として代官の陣屋に出頭。代官の横柄な態度に幕政の歪みを痛感する。	一七
	五年（一八五八）		従兄の尾高新五郎の妹、千代子と結婚。	一九
文久	三年（一八六三）	八月	尾高新五郎らと謀って、高崎城乗っ取り、横浜焼き討ち、倒幕を企てる。	二四
		一〇月	計画中止。	
		一一月	従兄の渋沢喜作とともに故郷を離れ、京都行。	
元治	元年（一八六四）	二月	一橋家（慶喜）に仕える。名を篤太夫と改める。	二五
慶応	元年（一八六五）	三月	歩兵取立御用掛に任じられ、代官のあくどい裏工作にもかかわらず、約四百名の壮丁集めに成功する。	二六
	三年（一八六七）	一月	一橋（徳川）慶喜の実弟、徳川民部大輔昭武が万国大博覧会に将軍の名代として招待されるのに随行し、アルフェー号で渡仏。	二八
明治	元年（一八六八）	一一月	三日、帰国（横浜港）。将軍慶喜にフランス行の報告。	二九
		一二月	静岡藩勘定組頭に任じられる。同組頭格御勝手懸り中老。	
	二年（一八六九）	一月	商法会所設立（日本初の株式会社）。静岡藩勘定支配、手附商法会所取扱に任じられる。	三〇

	八月	会計掛常平倉掛に任じられる。	
		商法会所を廃す。	
	一一月	明治政府から呼び出され、民部省租税正に任じられる。	
		民部省改正掛掛長。	
三年（一八七〇）	八月	制度取調御用掛兼勤。大蔵少丞。	三一
	一〇月	富岡製糸場事務主任。	
四年（一八七一）	五月	大蔵権大丞。	三二
	八月	大蔵大丞。	
	一二月	紙幣頭兼任。	
五年（一八七二）	二月	大蔵省三等出仕。大蔵少輔事務取扱。	三三
六年（一八七三）	五月	退官。	三四
	六月	第一国立銀行創立。同総監役。	
七年（一八七四）	一〇月	小野組の破産問題で第一銀行存亡の危機も、井上侯の力添えで難局脱出。	三五
	一一月	東京府知事より東京会議所共有金取締を嘱託される（東京市養育院設立、以来昭和六年に歿するまで院長を務める）。	
八年（一八七五）	四月	東京会議所委員に推される。	三六
	八月	第一国立銀行頭取に互選される（以後大正五年まで）。商法講習所を開始。	
	一二月	東京会議所会頭に選挙される。	
九年（一八七六）	五月	東京府より養育院および瓦斯局事務長を申しつけられる。	三七
一一年（一八七八）	三月	東京商法会議所創立。	三九
	八月	岩崎弥太郎から招待を受けるも、意見が合わず決裂。	
		以来二人の反目続く。東京商法会議所会頭。	
一二年（一八七九）	一一月	東京商法講習所委員。	四〇

一三年（一八八〇）	九月	東京銀行集会所の創立委員長。	四一
一五年（一八八二）		妻千代子病死。	四三
一六年（一八八三）	一一月	東京商工会会頭に選挙される。	四四
		かね子と再婚。	
一七年（一八八四）	三月	東京商法講習所、東京商業学校と改称。	四五
二〇年（一八八七）	一二月	東京手形交換所創立委員。	四八
二四年（一八九一）	七月	東京商業会議所会頭。	五二
二五年（一八九二）	一二月	水道鉄管問題で暴漢に襲われる。	五三
二六年（一八九三）	一〇月	貨幣制度調査会委員。	五四
二九年（一八九六）	三月	東京銀行集会所会長。	五七
	六月	農商工高等会議議員。	
	九月	第一銀行新発足。引き続き頭取。	
	一二月	鉄道会議臨時議員。	
三〇年（一八九七）	一月	法典調査会委員。	五八
	一〇月	パリ博覧会出品組合委員長。	
三二年（一八九九）	一月	衆議院議員選挙法改正期成同盟会会長。	六〇
三三年（一九〇〇）	五月	男爵を授けられる。	六一
三四年（一九〇一）	一月	第五回内国勧業博覧会評議員。	六二
	一二月	帝国教育会名誉会員。	
三五年（一九〇二）	三月	朝鮮協会副会長。	六三
	四月	清韓協会幹事長。	
	五～一〇月	夫人同伴で欧米漫遊。	
三八年（一九〇五）	二月	東京商業会議所会頭辞任。	六六

	三九年（一九〇六）	六〜七月	韓国視察。	六七
		七月	南満州鉄道会社設立委員。	
		一一月	大日本製糖会社相談役。	
	四一年（一九〇八）	一〇月	中央慈善協会会長。	六九
	四二年（一九〇九）	四月	癌研究会副総裁。	七〇
		六月	東京瓦斯会社その他六十の会社より引退。	
		八〜一二月	渡米実業団団長として渡米、五十三都市を視察。タフト大統領、ロックフェラー氏らと会見。	
	四四年（一九一一）	三月	日露協会評議員。	七二
		五月	維新史料編纂委員。	
		一二月	国際平和義会日本支部会頭。	七三
	四五年（一九一二）	六月	消防義会会長。	
大正	元年（一九一二）	八月	日仏銀行相談役。	
	二年（一九一三）	二月	日本結核予防協会副会頭。	七四
		六月	教育調査会会員。	
		一〇月	日本実業協会会長。	
	三年（一九一四）	一月	東北九州災害救済会副総裁。	七五
		五〜六月	中国視察。	
	四年（一九一五）	一〇月	米価調節調査会副会長。	七六
			渡米。ウイルソン大統領、ハインツ氏、ワナメーカー氏らと会見（翌年一月帰国）。	
	五年（一九一六）	一〇月	理化学研究所創立委員長。	七七
	七年（一九一八）	九月	臨時国民経済調査会委員。	七九
	八年（一九一九）	七月	臨時財政経済調査会委員。	八〇

	九年（一九二〇）	四月	国際聯盟協会会長。	八一
			日華学会会長。	
		六月	日華実業協会会長。	
		九月	子爵を授けられる。	
	一〇年（一九二一）	一〇月	渡米（翌年一月帰国）。	八二
	一二年（一九二三）	九月	大震災善後会副会長。	八四
			帝都復興審議会委員。	
	一三年（一九二四）	三月	東京女学館長。日仏会館理事長。	八五
	一四年（一九二五）	五月	日本無線電信会社設立委員長。	八六
	一五年（一九二六）	二月	講道館後援会評議員。	八七
		八月	日本放送協会顧問。	
昭和	二年（一九二七）	二月	日本国際児童親善会会長。	八八
		六月	少年団日本聯盟顧問。	八九
	三年（一九二八）	六月	万国工業会議名誉副会長。	
		九月	交通協会相談役。	
		一一月	旭日桐花大綬章。	
	四年（一九二九）	八月	ザ・アメリカン・ソサエティー・オブ・メカニカル・エンジニアーズ名誉会員。	九〇
		一一月	中央盲人福祉協会会長。	
		一二月	天皇陛下より昼食に招待される。	
	六年（一九三一）	一月	癩予防協会会頭。	九二
		五月	全日本方面委員聯盟会長。	
		八月	中華民国水災同情会会長。	
		一一月	一一日午前一時五〇分、永眠。	

本書は、小社より刊行した『人生の急所を誤るな!』を再編集の上、改題したものです。

原文には、不適切な表現や差別用語などがみられますが、執筆当時の時代を反映した歴史的著作物であることの観点から、一部表現を変えたほかは、原文のままとしてあります。

渋沢栄一《しぶさわえいいち》「生《い》き方《かた》」を磨《みが》く

原著者――渋沢栄一(しぶさわ・えいいち)

編・解説者――竹内　均(たけうち・ひとし)

発行者――押鐘太陽

発行所――株式会社三笠書房

〒102-0072 東京都千代田区飯田橋3-3-1
電話:(03)5226-5734(営業部)
:(03)5226-5731(編集部)
https://www.mikasashobo.co.jp

印　刷――誠宏印刷

製　本――若林製本工場

編集責任者　清水篤史

ISBN978-4-8379-2839-3 C0030

T30349